Alicia V. Rubio

Feminismo sin complejos

SEKOTIA

WWW.SEKOTIA.COM

EDITOR: HUMBERTO PÉREZ-TOMÉ ROMÁN
COLECCIÓN SIN COMPLEJOS

Imprime: Gráficas La Paz
ISBN: 978-84-18414-26-8
Depósito legal: CO-1350-2020

Hecho e impreso en España-*Made and printed in Spain*

Índice

Prólogo

Una píldora roja para formar un contra-saber

Agustín Laje
Lic. en Ciencia Política, Mgter. en Filosofía, escritor

No pretendo aquí la detestada práctica del *spoling*, ni que se tome por tanto este prólogo como una forma de *spoiler*, pero permítaseme empezar por el final de este libro que aquí el lector, no obstante, empieza a leer: «Si decide tomar la píldora roja, bienvenido al exterior de Matrix. Bienvenido al mundo real». Así cierra Alicia Rubio su trabajo.

El libro que hoy me toca prologar se presenta, pues, como una píldora capaz de ofrecernos una *alternativa*: una alternativa a lo que estamos obligados a pensar o, mejor dicho, a repetir acríticamente; una alternativa a lo que se nos impone con la fuerza (y la virtual obligación) de la moda (y, también, de la coerción estatal); una alternativa al discurso hegemónico que disuelve astutamente su propia condición de discurso dominante en estrategias victimistas y lacrimógenas; una alternativa a la ignorancia vuelta a la fuerza, paulatinamente, *nuevo-sentido-común* de masas embrutecidas, desesperadas por subirse al tren de la corrección política.

Las alternativas son esenciales para la libertad. Quien no tiene alternativas, no puede elegir realmente; quien no elige, no sabe lo que es la libertad. Por eso, la píldora roja, tomada de Matrix —tomada, a su vez, de la alegoría de la caverna de Platón— no sólo es un despertar al conocimiento de la realidad, sino también, y por consiguiente, un despertar a la posibilidad de ser más libres.

En tal sentido, el libro de Alicia representa un esfuerzo *político.* El conocimiento no se agota en sí mismo, sino que se articula con una voluntad de resistencia que hay que construir y alimentar. Foucault, a quien estas páginas critican en más de una ocasión y con buenas razones, tenía un punto interesante sin embargo cuando insistía en la vinculación íntima entre el poder y el saber. El poder, sostenía aquel, da lugar a saberes que a su vez refuerzan las pretensiones de aquel y aceitan sus mecanismos. El estado actual del saber (en todos los órdenes y niveles) se nos presenta totalmente atravesado por los intereses de la agenda feminista y de género, motivo suficiente para virar la cabeza hacia el polo del poder para denunciarlo, resistirlo, combatirlo. Pero para ello es necesario un contra-saber, que es lo que este libro quiere ofrecer, insisto, como esfuerzo político.

¿Cómo podríamos combatir eficazmente una agenda que desconocemos? ¿Cómo podríamos, siquiera, *querer* combatir aquello que ignoramos? No hay resistencia sin contra-saber; en consecuencia, hay que saber para resistir, y hay que saber para pretender la libertad. Pero esta última no viene dada gratuitamente, sino que hay que conquistarla, pues su efectividad es inseparable de la responsabilidad: el contra-saber duele, el contra-saber cuesta, el contra-saber requiere tiempo, el contra-saber frustra, el contra-saber a veces deja sabores amargos, y ese es el precio de la libertad: el precio de la «píldora roja». Un contra-saber políticamente incorrecto para combatir el disciplinamiento de las engañifas hegemónicas es duro de parir.

Alicia Rubio ayuda al lector, en este sentido, a hacerse de una inmensa cantidad de conocimiento en relativamente pocas páginas. Su pluma es esencial para ello; no en vano, ella es filóloga. Yo, que no tengo ese don llamado síntesis, no podría lograr un trabajo como este. Su primera virtud, pues, es la de contribuir a un contra-saber en un texto ágil, claro y que va sin muchos rodeos al punto. Así, el lector se desplazará desde críticas a las definiciones actuales y sumamente engañosas de lo que se supone que es el feminismo, a un repaso conciso de las principales teóricas feministas contemporáneas; desde un análisis de la institucionalización del feminismo como política estatal, a las presiones globalistas y los *lobbies* que procuran instalar la agenda de género en todas partes; desde una descripción crítica de las principales estrategias feministas y de género en tanto que estrategias totalitarias, hasta una denuncia de cómo se meten con la niñez, cómo la engañan, la sexualizan, la abusan, la politizan. En el medio, sobresale un repaso de las «feministas disidentes», que hoy representan una verdadera piedra en el zapato de las hegemónicas.

Alicia tiene la virtud de colocarse siempre, y en todo lugar, en la vereda opuesta del feminismo. Ella no es una «feminista disidente» sino una anti-feminista declarada. En efecto, de ninguna manera hay que tomarla como una «feminista liberal», ese engendro anacrónico (reivindicar el feminismo liberal puede ser un ejercicio historiográfico mas no político) que algunos liberales han tratado de configurar porque les daba miedo oponerse de verdad al feminismo: Alicia reivindica con determinación la libertad, y por ello se opone al feminismo con realismo político, sin vacilaciones, sin concesiones, sin cobardías, pagando el precio que hay que pagar, y que ya ha pagado con la publicación de su anterior libro.

Resumiría los principales logros de este nuevo libro en dos enunciados: no estamos frente a movimientos que busquen ninguna igualdad ni libertad sino frente a esfuerzos supremacistas y autoritarios, por un lado, y no estamos frente a una revolución de abajo-arriba sino frente a una monumental maquinaria de ingeniería social de arriba-abajo, por el otro. Creo que ambos argumentos resultan esenciales, a nivel estratégico, para combatir al feminismo actual y la agenda de género. Quiero brindar los motivos a continuación.

La modernidad tiene sus valores cardinales. La libertad y la igualdad sobresalen de entre ellos. El feminismo busca legitimar su militancia con un relato que reclama para sí ambos valores que, en conjunto, levantan los estandartes de una «revolución». La libertad, por ejemplo, es invocada para demandas tales como el aborto o la «identidad de género». Lo que no se dice al respecto es que se trata de una libertad que requiere enormes dosis de coerción y, por tanto, no es libertad sino privilegio: el aborto —usualmente financiado desde el Estado, además— implica atentar contra el libre desarrollo del ser humano en gestación (y, por tanto, contra su vida misma), mientras la «identidad de género», en tanto que «derecho» concedido por el Estado, demanda de la sociedad un acatamiento (y un financiamiento, en muchas ocasiones) absoluto, que aplasta la libertad de conciencia, opinión, religión, cátedra, investigación, etc. La igualdad, por otro lado, es invocada en demandas tales como las «cuotas» para «reducir brechas de género» o bien en políticas de adoctrinamiento que procuran «deconstruir» las diferencias biológicas entre los sexos. Pero tales esfuerzos se basan en tratar desde el Estado diferente a hombres y mujeres, violentando así la única igualdad legítima: la igualdad ante la ley.

Alicia ataca con gran eficacia lo que podemos llamar el «polo igualitario» del discurso feminista, mostrando que, en rigor, existe una curiosa selectividad a la hora de denunciar, por ejemplo, las «brechas de género». Así, jamás se habla sobre la brecha educativa, la brecha en la expectativa de vida, la brecha laboral en la elección de trabajos peligrosos e insalubres, la brecha en los suicidios, la brecha penal y carcelaria, entre otras «brechas» en las que el hombre y no la mujer tiene todas las de perder. ¿Cuántas feministas están pidiendo cuotas igualitarias para el puesto de «albañil destajista», se pregunta Rubio?

El «polo liberal» del feminismo y la agenda de género se desmonta, a su vez, mostrando hasta qué punto la militancia en cuestión reclama el concurso del Estado y sus aparatos de coerción. Las feministas no serían absolutamente nada sin el Estado; el feminismo y la agenda de género es estatalista hasta la médula. Su negocio se ha institucionalizado en ministerios, secretarías y departamentos de «género», de la «mujer», de la «diversidad», en los que parasitan una innumerable cantidad de inútiles que viven de nuestros impuestos, cuyo «chiringuito» depende no sólo de no solucionar los problemas que denuncian, sino de multiplicarlos, conflictuando hasta el absurdo las relaciones personales de los ciudadanos. Eso significa precisamente «lo personal es político»: el fin de la dimensión no estatal de nuestra existencia; la politización de la totalidad. Nunca antes el totalitarismo se había enmascarado con tanta destreza.

Al desmontarse el «polo liberal» y el «polo igualitario» que demanda el feminismo y la agenda de género para sí, queda desvelada su constitución supremacista y autoritaria. Y si la libertad y la igualdad son valores cardinales de la modernidad, el autoritarismo y el supremacismo son, sin lugar a dudas, sus antagonistas: una suerte de anti-valores cardinales. La herida que estos argumentos provocarían al relato feminista, si pudieran generalizarse con suficiencia, sería muy considerable. Esa tarea queda para el lector y lo que haga con el conocimiento adquirido concluida su lectura.

Pero Alicia no sólo arranca del feminismo sus pretensiones de libertad e igualdad, sino también, y esto es fundamental, de «revolución». Esto es esencial, a su vez, para minar los apoyos que la agenda feminista y de género recibe por parte de muchos jóvenes que hacen las veces de «idiotas útiles», creyendo ser parte de una revolución cuando en verdad no son más que piezas intercambiables al servicio de intereses que desconocen por completo.

Al «chiringuito», Alicia suma entonces los intereses biopolíticos que se esconden tras el humo de esta militancia. ¿Por qué semejante interés de los más importantes organismos internacionales? ¿Por qué semejante financiamiento de los más acaudalados multimillonarios del mundo? ¿Por qué semejante lobby institucionalizado en las usinas más elevadas del poder? ¿Es reductible semejante maquinaria biopolítica a una revolución de axilas peludas y pintarrajeadas, pañuelos verdes, puños morados y senos al aire? ¿Es posible ser más ingenuo?

Este libro desmonta una ideología, como dije, repasando a sus principales teóricas, pero también da cuenta del sustrato material, es decir, de los intereses reales que se esconden tras esa ideología. Así vemos emerger el problema de la «superpoblación» y el entramado de organismos internacionales, cumbres globales, Estados desarrollados y ONG's trabajando en los temas demográficos de control de natalidad: Fondo de Población de Naciones Unidas, Population Council, International Planned Parenthood Federation, Ford Foundation, Rockefeller Foundation, Bill & Melinda Gates Foundation, The Global Found, Open Society Foundation, David & Lucile Packard Foundation, The William And Flora Hewlett Foundation, entre otras.

El rol de Estados Unidos, sobre todo bajo administraciones demócratas, ha sido crucial para esta agenda. La mayoría de los izquierdistas, por supuesto, lo ignora. Pero recordemos al Presidente Johnson decir en su discurso del vigésimo aniversario de Naciones Unidas: «Actuemos sobre el hecho de que menos de cinco dólares invertidos en control de población equivale a cien dólares invertidos en crecimiento económico».[1] Este razonamiento escandalizó al intelectual de izquierda Eduardo

1 Public Papers of the Presidents, Lyndon B. Johnson (1965), Vol. II, p. 705. Consultado en https://quod.lib.umich.edu/p/ppotpus/4730960.1965.002?view=toc el 23/11/20.

Galeano en *Las venas abiertas de América Latina*[2] a comienzos de la década del '70: los izquierdistas que hoy siguen leyendo a Galeano omiten alevosamente esa parte de su libro.

O reparemos en el informe que el gobierno norteamericano solicitó a John D. Rockefeller III, publicado en mayo de 1969, cuyo título es «Población Mundial: Un desafío para Naciones Unidas y su Sistema de Agencias». Aquí se reconoció que países como EE.UU. y Suecia, y ONG's como Ford Foundation, Rockefeller Foundation e IPPF, estaban trabajando en temas demográficos, pero que se necesitaba del apoyo de Naciones Unidas (el Fondo de Población de Naciones Unidas nace en consecuencia). Le tocó al Presidente Richard Nixon evaluar el documento, del que dijo: «Estoy muy impresionado por el alcance y el empuje del reciente informe del Panel de la Asociación de Naciones Unidas, presidido por John D. Rockefeller III». Y dispuso consecuencia:

> Le pedí al Secretario de Estado y al Administrador de la Agencia para el Desarrollo Internacional [AID] dar alta prioridad a la planificación familiar y de población (...). Similarmente, le estoy pidiendo a los Secretarios de Comercio y Salud, Educación y Bienestar, y a los Directores de Cuerpos de Paz y de la Agencia de Información de los Estados Unidos que presten mucha atención al asunto de la población cuando planean operaciones en el extranjero. [...] Naciones Unidas, sus agencias especializadas y otros cuerpos internacionales deben tomar el liderazgo respondiendo al crecimiento de la población mundial.[3]

---

2 Galeano, Eduardo (2004). *Las venas abiertas de América Latina*. México: Siglo XXI, p. 20.

3 Public Papers of the Presidents, Richard Nixon (1969), p. 503. Consultado en https://quod.lib.umich.edu/p/ppotpus/4731731.1969.001?view=toc el 23/11/20.

O qué decir de la «Comisión de Crecimiento de la Población y el Futuro Estadounidense» creada por el Congreso de los Estados Unidos, presidida por el mismo Rockefeller, de la cual surgirá el reporte conocido como «informe Rockefeller» que demandará la legalización del aborto y la difusión de la ideología feminista, a través de medios de comunicación y colegios, junto a Planned Parenthood, como coartada: «Creemos que el aborto no debe considerarse un sustituto del control de la natalidad, sino más bien como un elemento de un sistema integral de atención a la salud materno-infantil».[4]

Y cómo no mencionar el «Memorándum de Estudio para la Seguridad Nacional nº 200 — Implicaciones del crecimiento de la Población Mundial para la Seguridad de los Estados Unidos de Norteamérica y sus intereses ultramarinos (NSSM 200)», más conocido como «informe Kissinger», que establece que «dondequiera que una disminución de las presiones demográficas a través de la reducción de las tasas de natalidad pueden aumentar las perspectivas de tal estabilidad, la política de población se vuelve relevante para el suministro de recursos y para los intereses económicos de los Estados Unidos».[5] Aquí también se apuesta a una retórica feminista y basada en «derechos» para «minimizar las acusaciones de una motivación imperialista detrás del apoyo a actividades de población».[6] Y también se concluye: «Ningún país ha reducido su crecimiento

4 Commission on Population Growth and the American Future (1972), «Population and the American Future: The Report of the Commission», p. 69, consultado en https://books.google.com.ar/books/about/Population_and_the_American_Future.html?id=Lo9fAcgjz4sC&redir_esc=y el 24/11/20.

5 National Security Council (1974), «National Security Study Memorandum NSSM 200 — Implications of Worldwide Population Growth For U.S. Security and Overseas Interests (THE KISSINGER REPORT)», 10 de diciembre de 1974, p. 43, desclasificado el 7 de marzo de 1989 por F. Graboske, consultado en https://pdf.usaid.gov/pdf_docs/PCAAB500.pdf el 17/11/20.

6 *Ibidem*, p. 81.

poblacional sin recurrir al aborto».[7] El Presidente Ford convirtió el «Memo 200» en política oficial de los Estados Unidos.[8]

Podríamos seguir con Carter y, más adelante, con Clinton. En la época de este último es cuando la ONU lleva adelante una serie de conferencias internacionales que buscan establecer la agenda demográfica bajo la retórica feminista y de género. Una de ellas es la Conferencia de Población de El Cairo, en 1994, de cuyo documento final podemos apreciar las dimensiones del negocio que acompaña semejante ingeniería social: para lograr los objetivos de control demográfico se requerirán, pues, «17.000 millones de dólares en el año 2000, 18.500 millones de dólares en el año 2005, 20.500 millones de dólares en el año 2010 y 21.700 millones de dólares en el año 2015».[9]

No es necesario abundar más en esto. Sólo quiero adelantar el punto, porque es crucial: ninguna revolución se hace de esta manera. La lógica abajo-arriba, en este caso, no existe. Lo que aquí aplica, al contrario, es la lógica arriba-abajo, propia de la ingeniería social autoritaria, que se manifiesta en el despliegue financiero de miles de millones de dólares para estas agendas, en la militancia organizada e impulsada por ONG's de las ***más importantes del mundo, en el apoyo institucionalizado de Estados desarrollados y de Organizaciones Internacionales cuyo poder político, económico y cultural resulta indiscutible.*** A ello le sigue, por supuesto, el pelotón de «idiotas útiles» que agitan el puño, creyendo que, de verdad, están haciendo historia.

Tiene el lector en sus manos, entonces, la píldora roja con la que Alicia cierra su libro. Tiene en sus manos, en concreto, la alternativa de un contra-saber con el cual resistir al supre-

7 *Ibidem*, p. 114.

8 A través del Memorándum de Resolución de Seguridad Nacional (NSDM 314).

9 UNFPA (1994), Informe de la Conferencia Internacional sobre la Población y el Desarrollo, El Cairo, 5 al 13 de septiembre de 1994, p. 90, consultado en https://www.unfpa.org/sites/default/files/pub-pdf/icpd_spa.pdf el 24/11/20.

macismo autoritario del feminismo y la ideología de género. Ciertamente, la píldora se termina de engullir al finalizar estas páginas. Que el golpe de realidad lo encuentre dispuesto a luchar.

1. QUÉ ES EL FEMINISMO

Las feministas ejercientes y militantes echan en cara a cualquier disidente del feminismo el significado de la RAE sobre qué es el feminismo para recriminarle que sea tan miserable como para no abrazar esa respetabilísima causa. Porque si no eres feminista eres un machista y un opresor de las mujeres, o una alienada y una colaboracionista con el patriarcado. ¿Qué es el feminismo según la definición del diccionario de la RAE?

— Principio de igualdad de derechos de la mujer y el hombre.
— Movimiento que lucha por la realización efectiva en todos los órdenes del feminismo.

Y hay otra definición en los diccionarios: *Doctrina y movimiento social que pide para la mujer el reconocimiento de unas capacidades y unos derechos que tradicionalmente han estado reservados para los hombres.*

Y, con esos conceptos absolutamente asumidos, conseguidos y superados como prueba de cargo, acusan de varias cosas al disidente: de no querer la igualdad, de no agradecer a las antecesoras la situación de libertad actual de las mujeres y de no tener ni idea de qué es el feminismo.

Y el problema es que la situación es exactamente la contraria: son ellos y ellas los que no quieren la igualdad, los que no agradecen a las antecesoras la situación en la que pueden desarrollar sus vidas, no tiene ni idea de lo que es y reivindica hoy el feminismo y, finalmente, son los que nos amargan los logros conseguidos a las mujeres libres actuales.

Somos los que cuestionamos el feminismo actual los que queremos la igualdad que sentimos perdida, los que sabemos cuál es la realidad del feminismo hoy, nada que ver con el origen de la palabra y el concepto y, finalmente, somos conscientes de que no tenemos nada que agradecer a las feministas de los últimos setenta años en tanto lo logrado que valía la pena ya estaba conseguido cuando las primeras femimarxistas degradaron el término. Y desde entonces se han dedicado a estropearlo todo. Podríamos decir incluso que **las verdaderas feministas, las herederas y consolidadoras de los logros del feminismo somos las mujeres que ya no nos identificamos con ese término por la deriva que ha tomado.**

Esa acusación de traicionar a las antecesoras feministas olvida que, **en la lucha por la igualdad también participaron muchos hombres buenos** a los que les debemos su apoyo y mil disculpas por los escritos de esas mujeres. También les debemos mucho a las mujeres que, sin etiqueta de feminista, ni privilegio de ningún tipo, con su esfuerzo personal y sus innegables capacidades en diversos ámbitos fueron haciendo el día a día de esa igualdad, que unas leyes ya garantizaban, gracias a su trabajo serio y responsable.

Somos las mujeres de cierta edad las que terminamos de consolidar esa idea de igualdad legal y de dignidad y a las que nos deben estas niñas adoctrinadas poder decir y hacer todas las tonterías que dicen y hacen sin que la figura de la mujer se menoscabe demasiado.

El feminismo, como el capitalismo, es una palabra que surgió en un contexto concreto y con unas connotaciones concretas. Lo mismo que la idea del capitalismo salvaje inicial, con su búsqueda del beneficio a costa de todo, y con masas de proletarios explotados se ha matizado tanto que, si se habla de países de alto nivel económico, sociedades libres y democráticas y una poderosa clase media hay que hablar indefectiblemente de países capitalistas, el feminismo también ha variado tanto, que su significado original que presenta la RAE solo explica su origen. Y han pasado demasiados años para que el concepto, la realidad que ese término señala, no haya variado y llenado esa palabra de nuevas connotaciones y realidades. Porque, y esto hay que planteárselo a la RAE, **el feminismo ya no es percibido por gran parte de la sociedad como lo que aparece expresado en el diccionario**.

Si no fuera así, no se podría explicar la **enorme cantidad de mujeres que se desmarcan de esa etiqueta** pese a ser libres, autónomas a nivel económico, preparadas intelectualmente y dueñas de su vida y de sus actos. Algunas conocen la deriva del feminismo, otras solo lo intuyen asociando muchos de sus problemas a unas mujeres intransigentes, exigentes, victimizadas, que dicen representarlas sin su consentimiento y que las colectivizan en beneficio propio. Otras asocian el feminismo a leyes abusivas y a problemas de sus hombres más queridos. A otras, simplemente, se les hace repulsiva la estética de este movimiento y otras ven que los actos de reivindicación que organizan las autodenominadas feministas son parciales, interesados, extemporáneos y olvidan selectivamente lo que no beneficia a sus postulados.

Todas llevan razón, todas llevamos razón. Y todo eso no aparece en la escueta definición de feminismo de la RAE según la cual todos somos feministas. No conozco una sola persona, hombre o mujer que no lo sea, que no considere iguales a hombres y mujeres en dignidad y derechos y que no quiera para sus hijas lo mismo que para sus hijos. Y esa es la realidad: el feminismo tuvo su sentido, luchó y el triunfo fue tal que sus logros quedaron en el ideario colectivo. Y triunfó gracias a mujeres valientes y responsables y gracias a un montón de hombres justos y buenos.

Porque los logros del feminismo, los logros justos y buenos, se consiguieron gracias a muchos hombres. Valga el ejemplo conocido en España, pero menos en otros lugares de Hispanoamérica, de la consecución del voto femenino: estábamos en la turbulenta etapa de la Segunda República Española. Las mujeres podían presentarse a los comicios, pero no podían votar. Y se decidió legislar en favor del voto femenino. En la cámara, dos mujeres, Clara Campoamor, republicana liberal y Victoria Kent, socialista que derivó en comunista. Campoamor a favor de la igualdad, Kent en contra del voto femenino porque la mujer no estaba preparada aún, y consideraba que se iba a dejar llevar por marido y confesor, cayendo en dos de los grandes errores del socialismo y el feminismo actual: reivindicar derechos que son justos solo en función de los intereses partidistas al margen de la ética y considerar a las mujeres tontas e inferiores.

Margarita Nelken, la tercera mujer que hubo en la cámara, aún no había adquirido su acta de diputada, aunque defendió lo mismo que su correligionaria Kent.

Se llegaron a proponer aberraciones tales como el voto femenino a partir de los cuarenta y nueve años para frenar la entrada de todas las mujeres en las elecciones. El voto femenino universal con la misma edad que los hombres se aprobó en junio de 1931 con ciento sesenta hombres más una mujer a favor y ciento veinte hombres más una mujer en contra. A eso me refiero cuando digo que los derechos de la mujer se consiguieron con la ayuda de muchos hombres buenos.

El feminismo luchó por la igualdad y los derechos de las mujeres. Al conseguir esa igualdad legal y de derechos, seguir luchando por los intereses de una parte de la población implicaba no luchar por la igualdad por lo que, **de forma lenta pero irreversible, el feminismo pasó de igualitario a supremacista.**

A partir de los años veinte del pasado siglo, **la rama marxista de ese feminismo inicial evolucionó desde esa ideología de lucha de clases y creció al calor de intereses muy diversos**: negocios florecientes como el control de la reproducción, objetivos políticos de desestabilización de países considerados como peligrosos para terceros países ya que el feminismo marxista de enfrentamiento de grupos es semilla de discordia social, control de la población en países en desarrollo, intereses de implantación de nuevos «paraísos» políticos de ideologías totalitarias... **Esto hizo que el feminismo dejara de ser un movimiento de preocupación por la mujer y defensa de sus derechos para convertirse en una ideología que, por la lógica de sus planteamientos, fue gestando corrientes cada vez más radicalizadas y enloquecidas.**

De la concepción marxista de la relación entre sexos como una lucha de clases aplicada en la familia, el hombre se considerará el enemigo, el opresor, el maltratador intrínseco, y se propondrá desde su castración hasta su desaparición física, pasando por la relegación social y la reducción de nacimientos de ese sexo, se darán pábulo a unas cifras estadísticas de abuso y asesinatos perpetrados por los hombres falseadas para que reflejen la conclusión ideológica previa, se creará una historia mítica de un matriarcado primigenio, una mística de la mujer como ser benéfico incapaz de mentir o matar, y unas legislaciones de privilegios para proteger y resarcir a unas mujeres víctimas desde tiempos inmemoriales. Este feminismo acabará exigiendo vulneraciones de derechos y desigualdades para los hombres, destruyendo toda perspectiva de equivalencia en derechos, dignidad y oportunidades hasta el despropósito de tratar de igualar a los sexos en lo biológico a través de leyes irracionales. La imagen más determinante de esa deriva de derechos diferentes es el eslogan de que ante una denuncia contra un hombre «hay que creer a la mujer sí o sí», que no solo supone una negación de la naturaleza humana sino la eliminación del derecho a la presunción de inocencia y la inversión de la carga de la prueba para el acusado. La variante de la igualación biológica a través de leyes se puede entender con el caso de las *mujeres bomberas*, con pruebas especiales menos exigentes y que no buscan la excelencia en algo tan decisivo como salvar vidas en situaciones extremas, sino igualar cuotas y que la ley arregle la biología al margen del objetivo de la profesión.

En su siguiente vuelta, **cuando dejó de luchar por los intereses de la mujer biológica para llevar al límite la idea de la mujer como construcción social, se afirma la existencia de mujeres al margen de su sexo** llegando al transexualismo y la desvirtuación de todo movimiento feminista con la imagen de personas XY, es decir, hombres biológicos autopercibidos mujeres, arrasando en el deporte femenino, en los concursos de belleza con candidatas de altura y esbeltez masculina y exigiendo las cuotas por género que injustamente habían obtenido las feministas al margen de la preparación y el mérito y que ahora también escapan al sexo, derribando con todo esto la lucha de las feministas de género o marxistas para igualar lo que no era, paradójicamente igualándolo del todo, o mejor, deconstruyéndolo por el simple deseo de poder ser cualquier cosa: la autopercepción.

Si no fuera tan serio, vulnerara tantos derechos y engañara a tanta gente dirigiéndola a fracasos vitales, sería un sainete.

En definitiva, el problema del feminismo en la actualidad es que, tras obtener las reivindicaciones iniciales de ilustradas y sufragistas, ha tomado una deriva que nada tiene que ver con la igualdad, ni con las mujeres corrientes y su lucha. El deseo de privilegios por sexo y la inclusión de otros objetivos, grupos y colectivos como núcleo prioritario de sus reivindicaciones ha dinamitado todo punto de relación con su origen y dejado incompleta la definición de la RAE.

El feminismo hoy ni lucha por la igualdad, ni lucha por las mujeres. Y esto hay que repetirlo un millón de veces para que, en esta sociedad de manipulación de masas, por fin una verdad triunfe como verdad por el doble motivo de que lo es y de que se repite.

Si hacemos una crítica al feminismo de forma general y en todas las ramas que existen en la actualidad y que veremos posteriormente, se le puede acusar de varias cosas. Vayamos a ello.

LAS *DIECIOCHO* ACUSACIONES AL FEMINISMO DE HOY

1. El feminismo actual tiene raíces marxistas, y toda su evolución posterior presenta esa interpretación de la realidad con numerosas características y consecuencias negativas surgidas de tal origen. Tras un análisis cronológico de los principales iconos del feminismo y sus postulados, se desarrollarán esos factores y esas consecuencias con más profundidad.

2. El feminismo no es igualitario. De forma general se puede acusar al feminismo de **que nunca luchó por la igualdad como nos cuentan, sino por los derechos de las mujeres** por lo que, ni antes ni ahora ha sido igualitario, sino selectivo en la defensa de un grupo concreto (aunque mientras hubo desigualdades, luchó por llegar a igualar derechos). Quizá esta sea la razón por la que ha terminado derivando en lo que es actualmente: supremacista. Si realmente fuera igualitario hubiera manifestado interés por los problemas de la otra mitad del mundo que es utilizada para la guerra, los trabajos más duros..., o se negaría a defender diferentes penas para los mismos delitos y que fueran más graves para los hombres. Por ello, hay que definirlo como un movimiento que defiende los intereses de las mujeres y que obviamente se vuelve injusto cuando, conseguida la igualdad, continúa avanzando en exigencias de parte.

3. Asociado a lo anterior surge **la pérdida de su sentido original: la lucha por los derechos y la igualdad, dignidad, oportunidades, voto... ya está ganada**, salvo casos puntuales a los que el propio sistema puede dar solución ya que no hay una sola legislación que avale una injusticia por sexo.
   Las injusticias y discriminaciones con las que se trata de justificar la lucha son tan sutiles que hay que «ponerse

las gafas violetas» para detectarlas y en la mayoría de los casos son interpretaciones de lo que es discriminación: valga el ejemplo de la forma de sentarse de los hombres, ceder el paso en una puerta, que en un establecimiento el camarero coloque la cerveza al varón y el refresco a la chica por una mera cuestión de estadística, o que el aire acondicionado sea machista porque tiene en cuenta la temperatura al gusto de los varones. Llamadas micromachismos, estas reivindicaciones son la evidencia de la pérdida de sentido del feminismo y de la incapacidad de las adeptas para discernir qué es discriminación y comportarse como mujeres libres y fuertes.
El otro tipo de diferencias provienen de la dicotomía sexual y las diferentes funciones reproductivas y biológicas con que millones de años de éxito nos han configurado. El hecho de que se trate de igualar con leyes lo que es desigual por naturaleza ha derivado en numerosas contradicciones e injusticias.

4. Igualmente resulta ilógico hablar de un feminismo liberal que continúa luchando cuando las exigencias del feminismo actual provienen de la rama marxista, que interpreta a la familia como una lucha de sexos extrapolada de la lucha de clases en la sociedad, la opresión como surgida de unas estructuras patriarcales, al hombre como un opresor congénito y la mujer como una oprimida con rasgos de inferioridad. Y como consecuencia, las soluciones que propone son injustas y protocomunistas, las mujeres son convertidas en un colectivo al que se dice lo que debe querer y aspirar. Por tanto, **el feminismo actual no es el heredero del feminismo ilustrado liberal y sufragista, ni de su ideología, ni de sus logros**, esas reivindicaciones ya conseguidas y asumidas por todos. Por ello, salvo para personas de ideología

marxista, el feminismo actual carece de justificación, e incluso, resulta repulsivo ideológicamente hablando.

5. Otra objeción, asociada a esa visión marxista del feminismo concebido como una revolución, es **el abandono de la defensa de la mujer y sus intereses y cambiar su lucha por una revolución contra las estructuras sociales** que identifican con el patriarcado **utilizando a la mujer como arma**. La mujer corriente, la que no es de izquierdas, la que no es lesbiana, la que no es trans... no le interesa. Los problemas cotidianos de la mujer mayoritaria le son ajenos. A cambio, se desvive por problemas que le cuadran en su agenda ideológica como la violencia de género, es decir, la que supuestamente ejercen los hombres sobre las mujeres por el hecho de serlo y que avala su relato de lucha de sexos con el hombre como opresor y la mujer como oprimida hasta hacerlo, además, un rentable negocio, dejando a la mujer indefensa ante la violencia de otro origen. Colectivizada y utilizada para otros objetivos y otros intereses, la mujer sirve para la destrucción de las estructuras sociales, la familia y los valores tradicionales al más puro estilo marxista.

6. El feminismo actual **odia al hombre**. Cambiado el objetivo de defensa de la mujer a lucha de clases, el varón aparece como enemigo, sin culpa personal, solo por el hecho de pertenecer al colectivo opresor. No solamente **le culpa del rol biológico de las mujeres, la maternidad,** y de las estructuras sociobiológicas que han funcionado hasta hoy, sino que le acusa de abusar de ella, de ser maltratador genético, de que toda relación con la mujer es abusiva, de que toda relación íntima es violación. A la vez también se fomenta la victimización de las mujeres y que estas odien al hombre en un razonamiento circular: te odio porque me odias y viceversa. De hecho, **la educación feminista**

es una educación en el odio al hombre, culpable de todo lo malo, **y la victimización.** Y como de ese odio surge un movimiento reflejo de repulsa en los varones, una suerte de machismo reactivo o de defensa, se alimenta la sensación en las chicas de que se las odia y de que el patriarcado es el culpable, a modo de profecía autocumplida.

7. **El feminismo victimiza a la mujer.** Para sus fines es necesario que la mujer se sienta víctima. De ahí la cultura de la violación: la mujer es un ser frágil a la que el patriarcado aboca a una triste existencia, los hombres abusan de ella y el feminismo viene a salvar. Este victimismo que se promueve hace que las mujeres piensen en términos de debilidad, que todo les ofenda, que sean incapaces de dirigir sus vidas porque les atemoriza que un desconocido les diga una frase amable, y que cualquier mirada masculina sea una agresión.

8. El feminismo actual **tampoco es un movimiento que favorezca la liberación de la mujer. Si algo no quiere el feminismo son mujeres libres. Quiere siervas o dependientes del feminismo**. La mujer es un sujeto a quién utilizar, que debe pasar del presunto servicio al hombre al servicio del feminismo. La mujer debe sentirse segura porque existe un nuevo protector: el feminismo, que le marca lo que debe ser y desear. Y depender de sus estructuras, e incluso de forma económica de sus fondos de origen público. Si la mujer es libre y piensa por sí misma es posible que elija sus gustos, sus intereses, sus deseos, sus objetivos, sus prioridades y todo lo que le agrada y le hace feliz que, demasiadas veces, no coincide con los postulados y propuestas del feminismo actual, por lo que se identifica como antifeminista. El feminismo quiere mujeres inseguras, débiles, miedosas, que crean vivir en un mundo hostil lleno de peligros. Los estereotipos de muje-

res guerreras que imponen a las niñas solo consiguen hacerlas violentas y frustrarlas, puesto que raramente van a cumplir ese patrón solamente permitido a una mínima parte de mujeres muy atléticas. Para este movimiento, las mujeres son, o se les quiere hacer que se perciban, seres inferiores. Y mantenerlas en una perpetua minoría de edad haciéndolas inimputables por sus delitos y e irresponsables de sus decisiones en el ámbito sexual, tanto con el tema de su consentimiento en una relación entre adultos como con los resultados esperables de la misma: la maternidad. De igual manera, su odio al hombre hace que en muchas ocasiones actúe en perjuicio de las mujeres, como es el caso de la persecución de la custodia compartida en los casos de divorcio que perpetúa el rol de cuidadora de las crías, papel biológico que, por otro lado, critica el feminismo por denigrante y limitador.

9. **El feminismo actual desprecia a la mujer**. Para el feminismo la mujer es un ser profundamente defectuoso. **Todo lo que caracteriza a las mujeres es despreciado y despreciable, de forma que las adeptas terminan odiándose a sí mismas**, sus curvas, su emotividad, su generosidad en el cuidado de los demás, sus gustos y aficiones y la maternidad como quintaesencia de la feminidad... Todo es odioso porque se considera la causa de su relegación social y fruto de unos estereotipos sociales que se le han inculcado. La mujer ha de imitar al hombre, modelo ideal de mujer para el feminismo, sin aceptar que muchos, demasiados de esos presuntos aprendizajes sociales que nos hacen mujeres provienen de un sustrato mucho más profundo: la biología. Por todo ello, el feminismo desprecia a la mujer y la considera tonta e incapaz de elegir bien, de elegir debidamente su vida familiar y profesional. De ahí surge el desprecio de Victoria Kent, la mujer socialista y feminista que se negaba a que las

mujeres españolas votaran, hacia esas electoras femeninas incapaces de elegir por sí mismas, o la concepción del amor romántico como forma que tienen los hombres de engatusar a las estúpidas y soñadoras mujeres. El feminismo considera inferiores a las mujeres, incapaces de dirigir bien su vida, por la simple razón de que lo que ellas quieren no coincide con lo que el feminismo quiere.

10. **No es un movimiento popular, es decir, surgido de una masa social que ve necesario organizarse.** La situación de la mujer en occidente es de igualdad ante la ley y tiene todos sus derechos garantizados. Ninguna mujer occidental vería necesario luchar hasta dedicar su vida a ese empeño por obtener algo que ya posee. Las reivindicaciones originarias y justas del feminismo ya se han alcanzado, por lo que **no es necesario** para esa función primigenia que dice, mintiendo, ser la causa de su existencia en la actualidad.
    Además, la situación económica, cultural, familiar... de las diversas mujeres no es la misma, ni todas tienen la misma opinión política y escala de valores. Es decir, como movimiento carecería de capacidad de cohesión y de sentido salvo que hubiera un agente aglutinador de intereses. Lo hubo. Y hoy en parte también lo hay, pero no son los derechos de las mujeres, sino el dinero y la ideología. **Si el feminismo existe es porque recibe gran cantidad de dinero público y privado para obtener objetivos ajenos al bienestar de las mujeres**. Solo con ese incentivo se puede dar vigor a un movimiento del que una inmensa mayoría de mujeres se siente ajena. **Podría incluso hablarse de un movimiento estatal amparado y dirigido por los organismos públicos.**

11. El feminismo actual, sin embargo, necesita justificar su existencia en un colectivo oprimido, por lo que **colecti-**

viza a las mujeres y las hace masa social diluyendo sus características personales y arrogándose una representatividad de ese colectivo que no tiene. Ninguna mujer ha dado su permiso al feminismo para que le represente y hable en su nombre. Porque, ¿a quién representa el feminismo hoy en día? ¿Quién lo ha votado? ¿Qué mujeres han dado su autorización para ser representadas por las portavoces que se autoerigen en voz de todas las mujeres? En España hay un *Partido Feminista* liderado por la feminista Lidia Falcón, inserto en el partido procomunista Izquierda Unida, que tenía muy baja representatividad y que a su vez fue absorbido por el partido Podemos. Casi nadie sabía de su existencia hasta que ha salido a la luz al ser expulsado de ese conglomerado político por decir algo bastante lógico: que el sexo y el género no es lo mismo y que, si cualquier hombre autopercibido mujer, es mujer, la lucha de las mujeres carece de sentido. Este partido inserto en un partido residual —que se incluyó en otro—, apenas debía recibir votos directos, por lo que el feminismo como opción política elegible no representa a casi nadie. Y, por otro lado, las autodenominadas feministas de los diversos partidos representan a sus votantes, o a la parte femenina de sus votantes, pero en absoluto pueden hablar en nombre de todas las mujeres. Es más, en la mayoría de las ocasiones en las que denuncian un problema de las mujeres, ese problema afecta igualmente a los hombres con mayor o menor intensidad. Son problemas sociales, económicos o personales de toda la población que las mujeres metidas en política solo resuelven para una parte. Porque la única circunstancia y sus subsiguientes complicaciones que afecta de forma diferente a unos y otras es la maternidad.

12. **Concibe el mundo dividido en dos grupos, los favorables y los que se oponen:** si no eres feminista, eres

machista. Y en la categoría de machistas está cualquiera que contradiga alguno de sus postulados, sin que sea cierto que criticar una ideología tan discutible signifique desear el mal de las mujeres, su relegación social o algo semejante.

Y a través de esa realidad dividida en dos grupos con la **falsa dicotomía** de «si no estás en todo conmigo, estás contra mí» se consigue la justificación de la censura, el odio, la violencia y cuanto haga falta contra el crítico.

13. Pese a que se niega y se oculta con mil mentiras y subterfugios, el feminismo actual **es autoritario, practica la censura contra sus detractores, es violento y presenta modos totalitarios en la medida de su fuerza y posibilidades.** Y quien se ha enfrentado a él, incluso sin intención de tal cosa, solo por expresar su opinión, lo sabe. Insultan, linchan en redes a los críticos, rompen mobiliario público, vandalizan monumentos e iglesias, amenazan, destruyen propiedades, queman libros, agreden, expulsan violentamente de sus actos a quien no les gusta… Yo he vivido alguna de estas cosas y he visto muchas como espectadora. Esperemos que la persecución no alcance a este libro de divulgación que contradice el pensamiento único con argumentos e información.

    El feminismo es mucho más violento que el machismo y el patriarcado presuntamente opresor contra el que combate que les permite —sin riesgo para ellas— todos sus excesos. Existen teorías feministas publicadas, sobre el futuro que se desea para los varones que dedicadas a otros colectivos serían delito. Hay que entender que **no existe un «feminismo moderado»**, sino caras de un mismo movimiento más o menos institucionalizadas o domesticadas y que todas trabajan por las mismas ideas; unas dan las pautas ideológicas, la lucha en las instituciones, falsean datos y estadísticas… y las otras hacen el trabajo sucio en la calle y en las redes. Lo que muchas de ellas no saben es el objetivo último de su lucha.

14. **El enemigo contra el que luchan no existe**. Si hubiera tal opresión, las mujeres no podríamos realizarnos libremente, estudiar lo que queramos, trabajar donde queramos, dirigir nuestras vidas en la dirección que queramos y en función de nuestras capacidades y nuestro esfuerzo personal. El **patriarcado, heteropatriarcado** (patriarcado que impone y presupone la heterosexualidad de la sociedad) **y cisheteropatriarcado** (*cis-*, como opuesto a *trans-*, correspondería a las personas que se sienten del sexo que les ha asignado la naturaleza) es el enemigo más solícito y caballeroso contra el que se puede luchar, por lo que esta batalla contra nada es muy cómoda y rentable de llevar a cabo. Como, en esencia, **el patriarcado y sus otras versiones son la biología y la naturaleza**, no hay que esperar más represalia que el golpe contra la realidad que algunas, tarde o temprano, se dan, si bien es cierto que, en esta lucha contra la biología, la batalla es contra uno mismo y se pierde siempre.

15. El feminismo pide **leyes y dinero público aquí y ahora para resolver problemas que suceden en otros lugares o que sucedieron en el pasado**, porque previamente ha creado un relato de abusos con ejemplos anacrónicos o de otros países. Siempre que se habla de la situación de postración de la mujer alude a momentos del pasado (no podía estudiar, la casaban sin su permiso, la quemaban por bruja…) cuando la situación del varón también era mucho peor que ahora, aunque no lo tiene presente, o de otros lugares o culturas (mutilaciones, matrimonios infantiles, falta de derechos civiles…)

16. **El feminismo tiene rasgos de secta y de religión**. Como religión tiene pecados originales, como los genes XY,

pecados como el machismo y posibilidad de salvación, ya sea unirse a las filas del feminismo, mostrar propósito de enmienda persiguiendo al hombre, creer y difundir cifras falsas de violencia de género, despreciar al resto de víctimas de violencia, abrazar el lesbianismo como lucha contra el heteropatriarcado... La figura de **la sororidad**, vendida como un hermanamiento y ayuda entre mujeres, es en realidad una especie de obligación para secundar acciones feministas y una forma de *omertá*, que funciona como una coacción mafiosa e implica especialmente a las mujeres que han pertenecido a este movimiento y deciden desertar, por lo que son perseguidas, acalladas y difamadas por sus antiguas correligionarias con más saña que a las mujeres críticas externas.

17. **El feminismo, con su reivindicación del aborto, ejerce sobre su hijo un derecho de propiedad más cruel que el que se dedicó a señalar que sufrían las mujeres con relación a los hombres.** No hay bondad, ni justicia en un movimiento que exige el derecho de poder matar a los más inocentes y débiles, vulnerables según su terminología. Si, como afirman, el feminismo pide para las mujeres los mismos derechos que tienen los hombres, hay que señalar que los varones no tienen derecho ninguno a eliminar a sus hijos ni antes del parto, ni después del parto, por lo que, **junto con el marxismo, el aborto cambió completamente la esencia inicial del feminismo**. El aborto, que surgió como eliminación de determinadas razas, devino en negocio de incalculables proporciones y en una forma rentable, fácil y efectiva de reducir población. Junto con el marxismo, convirtió el feminismo en otra cosa.

18. El feminismo **considera que el estado ideal de la mujer es el lesbianismo,** y junto con el aborto, son medidas de

control poblacional que actúan a favor de los intereses de los grupos neomalthusianistas implicados en la reducción de la población, que ven en el movimiento, además de un negocio, una herramienta eficaz para sus fines. Y promociona el lesbianismo como lucha contra el patriarcado, como señalan muchas de sus ideólogas.

En resumen, **el feminismo actual**, con su odio al hombre, su lucha de sexos, su victimización y utilización de la mujer, su imposición del aborto como derecho y sus continuas exigencias de privilegios esgrimiendo unas discriminaciones ridículas, no es lo que nos cuentan, es otra cosa con otros objetivos. Y con financiadores que tienen muy claro por qué lo financian. Si no tuviera apoyo, dinero y ayuda para sus organizaciones de captación y su divulgación en las aulas, no hubiera tenido tal trayectoria. Subvencionado por los Estados, las multinacionales y los organismos internacionales por sus intereses ajenos a la mujer y favorables a los de grupos políticos y económicos de presión, **no es un movimiento de mujeres, ni por las mujeres ni por la igualdad, ni por la justicia**. Etimológicamente sería la versión femenina del machismo, por lo que muchas personas tratan de renombrarlo como HEMBRISMO.

Sí, el feminismo que se acaba de describir es hembrismo. Pero no hay otro, por lo que ambos términos son en la actualidad equiparables. El feminismo originario hoy carece de sentido porque ha muerto de éxito. Y su piel se la ponen las hembristas para, como el lobo del cuento, pasar por lo que no son. Y no creo que valga la pena reivindicar un término tan lleno de basura ideológica. Lo que hay que dejar claro es todo lo que hay detrás para que nadie ayude a este movimiento por desconocimiento o engaño.

Este libro viene a demostrar que **no hay un feminismo malo y un feminismo bueno. El feminismo actual es malo siempre**. Puede haber grados, pero todos están en ese «espectro de color morado» que abarca todas las acusaciones antes expuestas.

La pregunta que hay que hacer a cada mujer que se reivindica como feminista es: ¿con qué corriente del feminismo te identificas?, ¿a qué ideóloga del feminismo admiras y por qué? Y respondiendo a esa pregunta veremos si es una persona desinformada que cree la propaganda del lobo con piel de cordero y no tiene respuesta porque no conoce realmente el feminismo, o es una feminista hembrista, feminazi o femimarxista con la piel de cordero puesta y con quién, indudablemente, no tenemos nada en común.

Aunque este texto no pretende ser, ni puede serlo, un compendio exhaustivo del feminismo, va a tratar de incidir en las corrientes más importantes, con mención de las autoras más relevantes y las consecuencias prácticas de sus teorías, que seguramente el lector conocerá o habrá padecido de una forma u otra por su plena actualidad.

Cuando termine de leer este libro usted sabrá identificar con qué tipo de feminista habla.

2. ORIGEN DEL FEMINISMO: DE LA ILUSTRACIÓN Y EL SUFRAGISMO A LA NEGACIÓN DE LA BIOLOGÍA

Para comprender «cuándo se jodió el feminismo», parafraseando a Vargas Llosa en *Conversación en la Catedral*, para conocer su origen y las ramas injertadas en ese tronco inicial que ahora se dedican a reivindicarse como movimientos de defensa de la igualdad y la mujer sin fundamento ninguno, hay que hacer un recorrido cronológico a través de las ideólogas más relevantes de esta doctrina.

Desde las primeras reivindicaciones de la mujer para alcanzar un estatus social, político y laboral semejante al masculino, al feminismo tradicional se han ido uniendo varias corrientes de pensamiento que han aportado su ideología hasta llegar a ese cuerpo doctrinal lleno de evidentes contradicciones que llamamos ideología de género y que conformaría el feminismo actual.

Pese a ser un movimiento atribuido a las mujeres hay que señalar, además de voces individuales femeninas previas desde el siglo XV como **Christine de Pizan** o **Sor Juana Inés de la Cruz**, a hombres como **Cornelius Agrippa** ensalzando al sexo femenino y sus valías a principios del siglo XVI, al **Padre Jacques Du Bosc**, que defiende la educación de la mujer en su obra *La mujer honesta*, de 1636, o al filósofo **Poullain de la Barre** que, en su ensayo de 1673 *Sobre la igualdad de los sexos*, abogó por aplicar criterios racionales en un ámbito irracional y lleno de prejuicios como era la relación entre los sexos y su igualdad o desigualdad.

Pero, es antes de la Revolución Francesa, en un ambiente de reivindicación de la igualdad y los derechos fundamentales y contra los privilegios, cuando conocidos ideólogos, como el **Marqués de Condorcet** o **Montesquieu**, empiezan a preguntarse por qué las mujeres, que son perfectamente capaces, no pueden participar en la vida pública. En la Revolución Francesa, sin embargo, las mujeres no son incluidas como grupo social con derechos y se ven relegadas a una minoría de edad permanente. A finales del siglo XVIII apareció en Francia una *Declaración de los Derechos de la Mujer y de la Ciudadana* presentada por **Olympe de Gouges** y otras mujeres a la Asamblea Nacional y en la que estaban involucrados clubes de mujeres que reivindicaban sus derechos en política y economía. Decían, con toda lógica, tener derecho a la tribuna puesto que tenían derecho a subir al patíbulo. Y llevaban razón: Olympe de Gouges fue guillotinada poco tiempo después.

En 1792 aparece en Gran Bretaña el libro *Una Reivindicación de los Derechos de la Mujer* de **Mary Wollstonecraft**, incidiendo en el mismo tipo de demandas femeninas: la participación política, el derecho a la ciudadanía, el acceso a la educación, al trabajo y la independencia económica.

Aunque las mujeres comenzaban a tomar conciencia de que la reivindicación de la igualdad, la libertad y los derechos políticos necesitaba un proyecto de proyección política, hasta muy entrado el siglo XIX no aparecen organizaciones de mujeres creadas específicamente para luchar por la emancipación de su sexo. Y es en la Convención Femenina de Seneca Falls (New York) de 1848, con figuras como **Elisabeth Cady** y **Lucrecia Mott**, cuando se le da carta de fenómeno colectivo con una declaración en la que se señala que todos los seres humanos nacen libres e iguales. Poco después, otro hombre, **John Stuart Mill** publica en 1869 el libro *La sujeción de la mujer*, en el que crítica la relegación de la mujer y su falta de derechos a nivel civil. Además de la faceta de teórico, Stuart Mill luchó en el ámbito político por esos justos derechos femeninos.

Es evidente que, en un primer momento, el movimiento conocido como «feminismo», palabra que aparece en una revista de finales del siglo XIX (*La Citoyenne*, 1882), reivindicaba el derecho al voto femenino, el derecho a ejercer profesiones consideradas como «masculinas» y vetadas, por tradición, a la mujer, el acceso a las universidades y un salario digno.

Este feminismo, llamado sufragista, mantiene su vigencia hasta la década de los años cuarenta del siglo XX ya que en las dos guerras y en el periodo de entreguerras se consiguieron los derechos civiles y el acceso de la mujer a todos los empleos y estudios. Pero, en ese corpus de reivindicación de derechos sociales, económicos y políticos, ya se habían incluido otras exigencias como el divorcio, el control de la natalidad y el aborto traicionando, con esto último, la esencia de justicia de la lucha de las mujeres y despertando otro tipo de intereses que vieron en el feminismo una forma de conseguir determinados objetivos o, simplemente, de hacer caja con servicios nuevos para necesidades nuevas. Por otro lado, el marxismo aplicado en la URSS también había desarrollado su propia interpretación de las relaciones humanas y los sexos dentro de las familias.

La implicación femenina en el mercado laboral hacía complicada su función biológica en la supervivencia de la especie y la procreación, es decir la maternidad, con un puesto de trabajo en el que se daban parones intermitentes en función de los partos, si es que la maternidad no suponía el abandono del empleo definitivamente. Pronto se vio que la maternidad era el problema principal para asumir el rol social masculino, es decir, una carrera profesional sin interrupciones y una vida familiar menos implicada en el día a día de una prole que exigía dedicación casi exclusiva. Ese primer escollo, más biológico que de estructuras sociales, implicaba que la mujer, al contrario que el varón, debía elegir entre carrera laboral y vida familiar. Y ahí comienza el problema que no se resuelve con esa necesaria igualdad de derechos y ante la ley: la educación igual para ambos sexos, el acceso a todos los trabajos y estudios en función de la capacidad, y el derecho a voto en igualdad de condiciones que el varón.

Las feministas se tropezaron con la biología y no asumieron las ventajas y las desventajas de una naturaleza que encontró su modelo más exitoso para la supervivencia de la especie en la creación de dos prototipos muy diferentes, con funciones biológicas distintas, perfectamente adaptados física y psíquicamente a ellas para obtener el éxito de sus funciones y que era imposible de cambiar, al menos hasta ese momento. Tampoco, hasta ese momento, intentar cambiarlo presentaba ventaja alguna.

De esa confusión interesada entre lo biológico y lo social surge la deriva marxista que ya señalaba un referente de la escuela austriaca de economía en 1922 **Ludwig von Mises** como desviación marxista del feminismo, al que vio transitar de una reivindicación lógica de derechos por parte de un amplio movimiento liberal a «*combatir instituciones de la vida social con la esperanza de variar ciertas limitaciones que la naturaleza ha impuesto al destino humano*» convirtiéndose en hijos del socialismo «*porque es característica propia del socialismo buscar en las instituciones sociales las raíces de las condiciones dadas por la naturaleza y, por tanto, sustraídas de las acciones del hombre y pretender, al reformarlas, reformar la naturaleza misma*»[10]. No pudo ser más certero.

Y sí, el primer y gran problema de la evolución del feminismo es la confusión interesada entre lo biológico y lo social.

10 Von Mises, Ludwig. *Socialismo. Análisis económico y sociológico.* Unión Editorial, Madrid, 2007

Aunque este tema está ampliamente desarrollado en otro libro[11], trataré de hacer un resumen.

Según la acertada reflexión del biólogo y escritor David P. Barash[12], el ser humano es un animal con los pies atados a una tortuga, que es su parte biológica, y con la cabeza atada a una liebre, su capacidad cultural y científica. Llegamos virtualmente a los confines del mundo, pero nuestro cuerpo, de momento y parece que por bastante tiempo más, solo es un animal fruto de millones de años de evolución y adaptación. Una evolución lentísima, la tortuga que hemos de asumir que somos, y cuyo éxito en la supervivencia radica en esas características que nos determinan y nos identifican. Los mamíferos, las especies animales más evolucionadas, presentan una serie de adaptaciones exitosas que los han llevado a garantizar su pervivencia como tal especie. Una de ellas la dicotomía sexual, machos y hembras, diferentes y con diferenciación de funciones. Veamos la adaptación de ambos prototipos a esos roles biológicos.

El macho lleva la parte dura de la defensa de la hembra, la prole y la tribu, con su físico más fuerte y su cerebro adaptado a tal función. La naturaleza ha creado un prototipo con más envergadura, más fuerza y más capacidades físicas, con una irrigación hormonal, la testosterona, que le hace tener gusto por el riesgo y la confrontación, ser más agresivo, competitivo, jerárquico y territorial, característica a la que se asocia una mayor facilidad de orientación espacial. Su cerebro, con un mayor desarrollo de la parte racional, está menos conectado con la parte emotiva, lo que le facilita la mayor independencia de ambas funciones, aunque le dificultaría la expresión de sentimientos y la capacidad de empatía, es decir, la implicación emotiva en lo racional le facilitaría, una vez se activa esa parte emotiva por alerta de

11 Rubio, Alicia V. *Cuando nos prohibieron ser mujeres ...y os persiguieron por ser hombres*. Amazon Publisher, 2016 (Cap 1-9)

12 Barash, David P. *La liebre y la tortuga. Cultura, biología y naturaleza humana.* Salvat Editores. Barcelona, 1987

peligro o miedo, una menor racionalización del riesgo. Y, por tanto, una mayor efectividad en su función.

Naturalmente, en la circunstancia de que tiene que dar la vida por la supervivencia de la especie, es un prototipo menos valioso biológicamente (no en dignidad ni derechos, en el caso humano) y su casi desaparición en un grupo, no impide la supervivencia de este si hay hembras suficientes.

La hembra, con su cuerpo y su cerebro adaptado a su función determinante en la reproducción, lleva la parte pesada de la carga procreativa. Más valiosa biológicamente hablando, su supervivencia implica la supervivencia de las crías lactantes y el embrión que pueda estar gestando, por lo que es mucho menos propensa a actividades de riesgo, más cauta, más cuidadosa con su cuerpo y su integridad. Su fisonomía, de menor envergadura y menores capacidades físicas respecto del macho, está adaptado a esa función biológica, con caderas más anchas, glándulas mamarias desarrolladas, mayor capacidad de acumular grasa que garantice la lactancia y proteja al embrión, lo que la hace menos adaptada al ejercicio físico y más sedentaria. Su cerebro, con las funciones emotivas y racionales más conectadas a través del cuerpo calloso y con áreas de lenguaje en ambos hemisferios, hace que implique los sentimientos en la parte racional, por lo que es más proclive a la empatía y más capaz de traducir los sentimientos ajenos y propios de forma oral, además de tener desde su infancia mayor facilidad verbal.

El éxito de supervivencia de la especie con estos prototipos, objetivo de la biología, es evidente. Y lo mismo que sus cuerpos están adaptados a la función biológica, sus cerebros reciben gratificación en ello. Los varones disfrutan con la confrontación, la lucha, el estrés, la competitividad, y las hembras con actividades más colaborativas, más enfocadas al cuidado de otros, la empatía y las relaciones humanas, la verbalidad y, en el ámbito físico, actividades donde se trabaja el ritmo y la coordinación. Además, su biología le lleva a ser más sedentaria porque eso ayuda a la viabilidad de los embriones. De todo ello surge la elección de trabajos en las sociedades libres que, de forma general, presenta empleos con mayorías de uno y otro sexo en función de esas características. Porque el problema no es la elección libre de roles y empleos y que se repartan según los deseos particulares de cada persona y su realización y felicidad, sino que el feminismo quiere imponer unas ratios en función de su sociedad perfecta al margen de todo lo demás.

Y no solo está el problema de imponer cuotas por sexo al margen de las elecciones libres y el mérito, capacidad y preparación de las personas, sino que en algunos ámbitos es altamente contraproducente. No somos una sociedad de abejas o de hormigas, pero esta visión de la sociedad al margen de la naturaleza humana es como si, por ley, las abejas obligaran a la mitad de la población de obreras a ser defensoras y a la mitad de las defensoras a fabricar miel y cuidar de las larvas. El fracaso estaría garantizado a la larga, tanto de forma interna como ante ataques exteriores.

Porque la sociedad, de forma natural, establece roles sociales en función de los roles biológicos. Los roles de los prototipos macho suelen estar más relacionados con la defensa, trabajos más arriesgados, y los roles sociales femeninos más relacionados con los cuidados, menos arriesgados... y, naturalmente, más relacionados con el trabajo que supone la crianza de la prole.

Ha de entenderse que esta explicación habla de la mayoría y no excluye algunos casos que, como excepciones, confirman la regla; ni se impide, sino que por el contrario se defiende, la elección individual de cada persona en su proyecto de vida y realización, al margen de si es compartida por muchos, o por pocos, de su propio sexo. Tampoco se pone en duda la maleabilidad de la naturaleza humana y su capacidad de adaptación, que facilita eludir las tendencias biológicas como señalaba la antropóloga **Margaret Meed** en 1935 en su libro *Sexo y tempe-*

ramento en tres sociedades primitivas, a quién se le atribuye, en 1949, la utilización del término «género» como la construcción social de los papeles y las conductas biológicas.

Y es evidente que la felicidad humana se basa en gran medida en equilibrar esas dos naturalezas inextricablemente unidas: la tortuga biológica y la liebre cultural, no priorizando una sobre otra u obviando una de ellas.

Sin embargo, lo que es una estrategia de la biología, se ha dado en interpretar como un organigrama social de creación masculina para su propio beneficio. El hombre, por tanto, es culpado del rol reproductivo de la mujer que implica una serie de cosas que la circunscriben al hogar. Es verdad que el hombre es responsable del embarazo de la mujer, pero el varón no es, de ninguna manera, responsable de cómo se han repartido esos roles y de que la mejor forma de que la especie continúe, y así ha obrado el macho humano desde los albores de la humanidad, sea protegiendo a la mujer de riesgos y dándole un lugar estable y cómodo para la crianza. Y todas las sociedades, salvo algún caso muy concreto, han respetado, de una forma u otra, estas imposiciones biológicas en el organigrama social. Hasta hoy.

Para Simone de Beauvoir, feminista que veremos más adelante, icono y pionera en muchas de las teorías que han guiado al feminismo posterior, *no se nace mujer, llega una a serlo,* es decir, te imponen unos roles arbitrarios que el feminismo se niega a reconocer biológicos. Y es evidente que esta disfuncionalidad ideológica compromete nuestra supervivencia: mujeres que no tienen hijos y hombres que no defienden y protegen a la mujer y las crías. Eso nos lleva a la desaparición como especie o, al menos a una drástica y rápida disminución. Esa es una de las razones de la protección y difusión del feminismo por parte de los grupos, organismos y asociaciones que quieren reducir población.

De culpabilizar a los hombres de este organigrama social, el famoso patriarcado, y el odio al hombre como causante de este rol femenino que se percibe como negativo, esclavizante, a la vez que convierte a la mujer en la clase oprimida productiva, en este caso reproductiva en beneficio del varón, es decir, de esta interesada confusión de organigramas biológico y social, surge la conclusión del varón como casta opresora. Y también surge la justificación del odio al varón, la persecución de la masculinidad, y su culpa genética que no puede eludir. De ahí los manifiestos violentos, criminales contra los hombres, que trufan el feminismo actual sin que ningún grupo los condene. De este caldo de cultivo de mujeres que odian a los hombres y hombres que temen relacionarse con las mujeres también es evidente que surgen dos cosas: los fracasos vitales de los engañados y la ya mencionada reducción poblacional.

Y si el primer error es confundir la biología con los roles sociales y tratar de negarla, olvidarla, eliminarla, o alterarla como si fuera una costumbre o tradición sin fundamento; y el segundo es odiar al hombre como causante de su propia biología, el tercer error proviene de tomar para las mujeres, como modelo de realización y felicidad, el rol social masculino que se sustenta en ese rol biológico para el que está perfectamente adaptado física y psíquicamente. Y no solo tomarlo como modelo, lo que puede ser un error discutible, sino pasar de recomendarlo a imponerlo a las mujeres.

Aunque suene políticamente incorrecto, la naturaleza, en su perfección de los prototipos humanos para su interés prioritario —la supervivencia de la especie— ha hecho gratificantes psicológicamente esos roles que ha impuesto a sus prototipos. Y las mujeres, mayoritariamente disfrutamos con los bebés y nos gusta cuidarlos; nos gusta cuidar de forma general. Y determinados trabajos, en los que nos sentimos competentes y disfrutamos más, donde priman las relaciones humanas, lo verbal, la empatía, la colaboración. Y, debido a las consecuencias de la sexualidad en las hembras, un embarazo, un parto y una lactancia, somos más selectivas en las relaciones y comprometemos más la emotividad de forma natural, ya que la implicación afectiva del varón en la relación suponía un plus de supervivencia para la descendencia. Las tareas masculinas de defensa, riesgo, competitividad, poco trato humano a veces, así como una sexualidad nada selectiva y sin consecuencias posteriores, propia del macho de las especies superiores cuya función procreativa en la supervivencia se limita a esparcir el mayor número de genes, no está muy claro que sean gratificantes para ese animal con los pies atados a la tortuga biológica de sexo femenino.

Y no solo muchas mujeres terminan reconociendo, no sin esfuerzo, la insatisfacción de unas relaciones sexuales con parejas numerosas, sin afectividad, breves y sin compromiso, sino que la solución que se nos ha dado para resolver el biológico «problema de la preñez» es, ese sí, especialmente poco favorable a las mujeres, machista incluso: atiborrarnos de medicamentos nada inocuos pese a decirnos lo contrario (anticonceptivos), las bombas hormonales si hay riesgo inminente de embarazo o se ha producido la fecundación (dosis altas de levonorgestrel), y el aborto quirúrgico o químico (misoprostol), todo ello nefasto para la salud de las mujeres. Porque el problema no es que las mujeres puedan y deban dirigir sus vidas, sino que todo esto se promocione sin una información real de las contraindicaciones, riesgos y posibles consecuencias para que elijan y decidan con conocimiento y libremente.

Es decir que, si asumir el rol social masculino en otros ámbitos puede ser frustrante a veces, la equiparación en el plano sexual es una estafa manifiesta que solo se sustenta por una manipulación emotiva «de libro» en la que se han asociado la libertad y los derechos de la mujer a esas prácticas de salud sexual y reproductiva que afectan negativamente a su salud. Esa implicación emotiva en tales «derechos» impide un análisis racional de las consecuencias reales, los sentimientos reales que se tienen, y fomenta el ataque irracional contra quien los cuestione. Y de nuevo nos enfrentamos a los resultados habituales: fracasos vitales, infelicidad y reducción poblacional.

Y si bien las mujeres más pudientes pueden delegar el cuidado de los hijos en terceras personas e incluso en la actualidad casi todas las mujeres disponen de guarderías para no renunciar a su carrera laboral, nos encontramos con dos problemas: que muchas mujeres empiezan a descubrir que su éxito en el trabajo no lo es todo para su concepto y percepción de qué es éxito y felicidad, y que hay más ámbitos de realización que el laboral. Y el segundo problema es que, pese a poder delegar el cuidado de los hijos, muchas veces es más gratificante verlos crecer, estar allí y ser más parte de la vida de los hijos. La delegación de su cuidado no impide que haya que hacer una elección respecto al grado de implicación durante el proceso de desarrollo.

Esa constatación de que el feminismo no considera lo adecuado e ideal para las mujeres lo que las mujeres desean, es lo que hizo a Beauvoir, en una entrevista que le hizo Betty Friedan en el año 1975, decir la frase: *No se debería permitir a ninguna mujer que se quedara en casa para criar a sus hijos. La sociedad tendría que ser completamente distinta. Las mujeres no deberían tener esa opción, precisamente porque si existe tal opción, demasiadas mujeres la van a tomar*[13].

Y esto es aplicable a todo ese entramado que el feminismo ha creado para dirigir los deseos y gustos de las mujeres a ese mundo colectivo feliz que no parece serlo tanto para las mujeres particulares.

La confusión de roles biológicos y roles sociales, de biología y cultura, nos ha abocado a un cuarto error: tratar de cambiar las diferencias biológicas, esas características fruto de millones de años de evolución, con legislaciones discriminatorias que palíen esas diferencias y adapten la parte del rol social masculino, más específico a sus características, a las condiciones femeninas para venderlo como el patrón femenino ideal,

13 *Sex, Society and the female dilemma. A dialogue by Simone de Beauvoir and Betty Friedan.* The Saturday Review, June 14, 1975. El archivo pdf se puede descargar en https://www.unz.com/print/SaturdayRev-1975jun14-00012/

cuando la realidad es que se está engañando a la mujer y a la sociedad. La igualdad ante la ley y en los derechos y responsabilidades, el igual acceso a estudios y puestos, la educación idéntica para ambos sexos da paso a la discriminación llamada «positiva», pero desigualadora ante la ley y negativa para la parte de humanidad no protegida. La «igualdad real» (malo es cuando los sustantivos abstractos se acompañan de adjetivos como «democracia popular», «justicia proletaria» o «discriminación positiva») se impone a martillazos en los ámbitos en los que biológicamente no somos iguales. Y surge la paradoja, una entre tantas de esta evolución de la negación de la realidad, de que para igualar hay que otorgar diferentes derechos, incluso más derechos. Y la mujer se encuentra con el exclusivo «derecho sexual y reproductivo» de eliminar a sus hijos no nacidos según una normativa que se va ampliando sin fundamentos científicos o biológicos que la avalen, ya que el feminismo siempre ha tenido «roces» con la biología y la ciencia por «negacionista» de sus dogmas. Y ya que la ciencia y la biología son machistas, echa mano de otro de los grandes errores del feminismo actual: el supremacismo de un grupo humano —la mujer—, sobre otro —el embrión—, tan humano uno como otra. El supremacismo feminista trae la subhumanización consiguiente del otro implicado con la correspondiente negación de todo derecho humano, incluida la vida.

Las feministas de la primera ola, liberales y sufragistas, no eran abortistas. Consideraban la eliminación de los hijos por nacer un asesinato, un contrasentido respecto a las bases del feminismo, que denuncia el trato a la mujer como posesión del hombre, pero trata a los hijos como su propiedad y se considera con derecho a matarlos, y también la quintaesencia de la opresión del varón, ya que mayoritariamente esa acción se sustentaba en el abandono del hombre implicado o en la imposición del aborto por parte del mismo para eludir la responsabilidad y el problema. La sufragista **Elizabeth Cady**

Stanton (1815-1902), participante en la Convención de Seneca Falls; **Susan B. Anthony** (1820-1906), una de sus colaboradoras en la organización del movimiento feminista; **Sarah F. Norton** (1838-1910) primera alumna de la Cornell University; **Victoria Woodhull** (1838-1927) primera mujer que se proclamó **candidata a la presidencia de Estados Unidos** en 1872 como forma de reclamar el voto femenino y una de las primeras mujeres *bróker* que operaron en Wall Street; **Elizabeth Blackwell** (1821-1910), sufragista y primera mujer en Estados Unidos en obtener el título de médico, y otras muchas se manifestaron claramente contra esta práctica siempre existente, pero socialmente reprobada. Esto demuestra que el feminismo que reivindican como sus dueñas y herederas las actuales feministas nada tiene que ver con lo que hay ahora. De hecho, en los países capitalistas la corriente liberal que consideraba que la equiparación de derechos y una educación común para todos traería la igualdad, terminó consiguiendo sus objetivos y diluyéndose, salvo la parte que reivindicaba nuevos derechos, para vencer a una biología tozuda en sus estrategias de supervivencia. Esta corriente negacionista de la realidad, con su ofensiva contra el matrimonio y la familia tradicional y a favor del amor libre y que concibe la relación de los sexos como una lucha de clases originada en un sistema social que hay que erradicar, coexiste temporalmente con un feminismo de corte católico, con la escritora francesa **Marie Maugeret** (1844-1928) como representante principal, que no opone la emancipación de la mujer a la maternidad ni ve a la familia como una lucha de sexos, sino como la célula social básica de la sociedad.

Por explicarlo con una imagen visual: en el árbol del feminismo originario, extinto por puro éxito, porque obtuvo sus justas reivindicaciones, se injertaron dos ramas ideológicas que vivieron de su cadáver, se fortalecieron con las raíces y la savia de su prestigio, pero lo transformaron en una nueva especie sin más parecido con la planta original que el nombre. Una de esas ramas es la ya mencionada marxista, con su negación de la biología por oponerse a su esquema ideológico de confusión de estructuras sociales y roles biológicos. La otra, originada en el mundo capitalista, vino del supremacismo racial en su versión eugenésica que terminó transitando a supremacismo adultista, es decir, sobre seres de menor edad a los que se considera inferiores por la etapa de vida en la que se encuentran, y a negocio rentable: el aborto.

Ambas corrientes terminaron convergiendo cuando las guerras y los totalitarismos de los años treinta del pasado siglo normalizaron la deshumanización de determinados grupos sociales, o de la vida humana en general, valorándola en función de su utilidad u oportunidad y no por su trascendencia o dignidad ontológica haciendo aceptable algo que hasta el momento era una aberración.

Las corrientes eugenésicas y neomalthusianas entre las que se movía la abortista **Margaret Sanger** (1879-1966), concebían el aborto como la forma de mejorar la raza y la forma de reducir una población que consideraban excesiva mediante la eliminación de seres inferiores. Sanger fundó en 1921 la Liga Americana para el Control de la Natalidad que, en 1942, se convirtió en la Federación Americana para la Planificación Familiar, quc sc diseminó por todo el mundo enmascarando sus objetivos iniciales con un benefactor servicio para las mujeres. Hablamos de la todopoderosa multinacional abortista IPPF.

Hay que tener presente que Sanger consideraba la *reproducción indiscriminada de los menos aptos* una amenaza para *las reservas de inteligencia y de salud racial.* Los *no aptos* son las personas de cocientes intelectuales menos elevados, los discapacitados físicos o psíquicos, los delincuentes, los enfermos crónicos, los *mentalmente débiles, defectuosos o golpeados por la pobreza*[14]. Este tipo de población había de reducirse, incluso

---

14 Sanger, Margaret. *Pivot of Civilization.* Brentano's Publishers, Nueva York. (citado por F. J. Contreras en «Aborto Cero», VV. AA, Ed. Stella Maris, Barcelona, 2014)

forzosamente, con el fin de mejorar la raza mental o físicamente. Con tal fin, Sanger promovió en estos grupos las esterilizaciones obligatorias, la anticoncepción, e incluso, el asesinato de niños afirmando que: *Lo más misericordioso que una familia numerosa puede hacer por uno de sus miembros más pequeños es matarlo*[15]. Esta mujer, racista patológica, consideraba que la filantropía y la caridad no resolvían el problema, sino que lo complicaban. Su ideología era afín al Ku Klux Klan, a cuyos miembros impartió charlas, y dirigió sus esfuerzos eugenésicos a la población negra de EE. UU.

Hubo un momento en el que los neomalthusianos y los eugenistas, gente de alto nivel social, y los intereses del floreciente negocio del troceado de niños, encontraron en el feminismo superviviente, el desarrollado desde el marxismo, la forma de disimular el siniestro objetivo de la promoción del aborto con las teorías de la liberación de la mujer y la igualdad, que a su vez enmascaraban una soterrada lucha contra las estructuras sociales que abocaba a la lucha de sexos. Y estas teorías se apoyaron, promocionaron, financiaron y expandieron al calor de los fondos de estos grupos, convirtiéndose en un extraordinario negocio que, no solo se lucra de eliminar seres humanos en gestación, sino también de la venta de sus restos para diversos usos.

Así, entre la lucha por una sociedad nueva, la reducción de la población de razas consideradas inferiores por los supremacistas raciales, el negocio del derecho a matar y una variada convergencia de intereses ajenos a la mujer y sus problemas pero que utilizan a la mujer para sus fines, el feminismo se convirtió en ideología de género. Y un corpus doctrinal que niega la naturaleza humana y la realidad misma, se ha impuesto de forma mayoritaria como el dogma más estúpido, nefasto e irracional de la historia de la humanidad.

15 Sanger, Margaret. *La mujer y la nueva raza Woman and the new race*. 1920, capítulo V. El archivo pdf se puede descargar en trdd.org/WOMAN_MS.PDF

3. EL FEMINISMO MARXISTA: EL PATRIARCADO, EL GÉNERO Y EL ODIO AL VARÓN

La aplicación del materialismo dialéctico marxista de la lucha de clases a la relación de los sexos y la familia aparece en el libro de **Friedrich Engels** (1820-1895) *El origen de la familia, la propiedad privada y el Estado*, publicado en 1884. Aquí estarían las raíces de la deriva que ha acabado enfrentando a dos sexos que son complementarios y que, desde la intención de igualarlos, cosa que no ha sido posible, ha terminado dando lugar a lo que de forma global llamamos **ideología de género**, concluyendo que lo mejor es que no existan. De momento, Engels solo enfrenta a hombres y mujeres:

> *El primer antagonismo de clases de la historia coincide con el desarrollo del antagonismo entre el hombre y la mujer unidos en matrimonio monógamo, y la primera opresión de una clase por otra es la del sexo femenino bajo el masculino. (...) El hombre es en la familia el burgués, la mujer representa en ella al proletariado.*

Engels, basándose en conclusiones de la antropología de la época que, sin evidencia alguna, imagina una sociedad ancestral, matriarcal y polígama, asocia la caída del poder de la mujer con la aparición de la propiedad privada. El hombre acumularía cada vez más bienes y la herencia debía ser para quien garantizara su relación de descendencia, que en grupos poligámicos solo podía garantizarse por la vía materna. De ahí el origen de la familia monógama y del organigrama patriarcal donde la mujer es oprimida y utilizada para la procreación. En ningún momento se plantea un origen biológico de relación entre los sexos, ni que pudieran ser complementarios y no antagónicos, ni que la lucha de clases no es fácilmente aplicable a la realidad de una familia donde en principio se puede suponer que hay amor, afecto, intereses comunes y una descendencia que implica emotivamente a ambos.

Desde esta perspectiva, las primeras feministas socialistas relacionaron la subordinación social de la mujer a su papel de esposa y madre, y la opresión socioeconómica con la sexual. Por ello, empezaron a arremeter contra el matrimonio y la familia tradicional y a reivindicar la libertad sexual como forma de equiparase al varón, si bien esta idea no cuajó por motivos biológicos evidentes en la sociedad de finales del XIX y principios del XX de la forma que ha podido hacerlo posteriormente con la aparición de los anticonceptivos y la generalización del aborto, que resuelven el hecho biológico de la preñez subsiguiente a las relaciones sexuales en la hembra. La supresión de la familia monógama y la incorporación de las mujeres a la industria social eran parte de esa revolución contra el organigrama socioeconómico capitalista.

El desarrollo de estas teorías lo expone **Alekxándra Mijailovna Kollontái** (1872-1952), aristócrata rusa devenida en socialista y posteriormente miembro del Comité Central del Partido Comunista Ruso. Su papel de teórica y activista de la liberación de la mujer puso las bases del feminismo comunista. Sus textos *El comunismo y la familia* y *¡Abran paso al Eros Alado! (Una carta a la juventud obrera)* presentan el desarrollo de estas ideas[16]: la colectivización de las mujeres como una clase social y el desprecio absoluto por sus decisiones personales y sus deseos individuales, propio del comunismo, y la visión de la procreación como una función productiva más que debe estar, como todas, en manos del Estado y a la que la mujer no debe estar supeditada, por lo que el aborto era una reivindicación necesaria. *Las mujeres deben acostumbrarse a buscar y encontrar ese sostén, no en la persona del hombre, sino en la persona de la sociedad, en el Estado.* Las mujeres actuales sentimos que es el feminismo el que ahora quiere sustituir al Estado como sostén-amo de las mujeres. ¿O quizá el feminismo es una de las largas manos del Estado?

Kollontái identifica el amor como algo colectivo y solidario, sin deslindarlo del sexo, puesto que el amor como entrega, cariño, afecto e identificación con otro ser humano concreto no se concibe en la sociedad comunista por individualista y aburguesado. En su consideración, puesto que podemos y debemos tener *amor-camaradería* con todo el mundo para conseguir una sociedad proletaria cohesionada, podemos tener sexo con todo el mundo: *El amor no es solo un poderoso factor de la naturaleza, no es solo una fuerza biológica, sino que es un factor social*, algo de lo que se pueden obtener «beneficios a favor de la colectividad». Critica a una burguesía que lo considera privado, y a las mujeres «aburguesadas» que no tienen amor-camaradería de forma generosa con cualquier camarada, y marca la entrada de la política y el Estado en la esfera de lo privado y personal. En su sociedad, los hijos son de todos. Según Kollontái, *no son mis hijos, sino nuestros hijos*, directamente cuidados y educados por el Estado dueño, ese sí, de todos los trabajadores presentes y futuros del *Estado proletario*, deslin-

16 Kollontai, Alexandra. *El comunismo y la familia.* Marxists Internet Archive, agosto 2017. Disponible en https://www.marxists.org/espanol/kollontai/1918/001.htm
Kollontai, Alexandra. *¡Abran paso al Eros alado! (Una carta a la juventud obrera).* Marxists Internet Archive, agosto 2017. Disponible en https://www.marxists.org/espanol/kollontai/1923/0001.htm

dando los lazos de afecto familiar con el argumento de liberar a las mujeres de sus trabajos y obligaciones domésticas, ya que su incorporación al mundo laboral las perjudica si mantienen también otras funciones fuera de lo laboral. Señores lectores, si algo les resulta familiar no es pura coincidencia.

La aplicación práctica de estas teorías no supuso de ninguna manera la liberación de la mujer. Agustín Laje (1989) en su recomendable obra, *El libro Negro de la Nueva Izquierda*[17], además de una información ampliada de algunas de estas autoras, nos da unos interesantes datos sobre la realidad del feminismo comunista que, como con el resto de sus logros, nada tenía que ver con la realidad que se publicitaba de cara al exterior. Las mujeres no solo fueron mano de obra proletaria, sino que siguieron teniendo hijos y cuidando de ellos, aunque el aborto fue un anticonceptivo común que redujo la población y afectó a la salud de las presuntas beneficiadas. La violencia en las parejas era tan habitual como pudiera haberlo sido antes de la revolución y, además, hubo diversos intentos de comunismo de las relaciones sexuales de forma que las mujeres no podían negarse a los requerimientos de sus camaradas masculinos.

El Estado comunista aspiraba, también, a inmiscuirse y dirigir la intimidad de las personas como el resto de los ámbitos de la sociedad, y el feminismo era una forma de hacerlo.

El siguiente paso en la evolución ideológica lo marca la escritora feminista **Simone de Beauvoir** (1908-1986) con su libro de 1949 *El segundo sexo*[18]. Su ideología comunista le llevó a justificar las matanzas en la China comunista y su afán transgresor le llevó a defender a unos pederastas y pedir la aboli-

17 Márquez, Nicolás y Laje, Agustín. *El libro negro de la nueva izquierda. Ideología de género o subversión cultural.* HazteOir.org, Madrid, 2018

18 De Beauvoir, Simone. *El segundo sexo.* Cátedra. Colección Feminismos, Madrid, 2015

ción de la edad de consentimiento[19] además de hacer de su vida privada con Sartre un culebrón popular. En su libro trata de hacer un diagnóstico de la situación de la mujer a través de postulados marxistas, el psicoanálisis, las teorías del *propederasta* Willheim Reich y las teorías de la Escuela de Frankfurt. Consideraba que en la URSS se llegaría a la verdadera liberación de la mujer, cosa que no sucedería en los países capitalistas hasta que no se cambiaran las pautas culturales que hacen de la mujer lo que es. Basándose en el existencialismo, considera que el ser humano es únicamente lo que hace de sí mismo y, por ello, para Beauvoir la mujer es un elemento construido socialmente y siempre como algo secundario definido por su opuesto: el hombre.

Su conocido dogma «No se nace mujer, se llega a serlo» es el comienzo de la negación del ser previo a la cultura, la eliminación de la biología como algo determinante y la puerta a posteriores teorías donde uno se construye cultural y biológicamente. Y es otra de las primeras piedras en los cimientos del entramado teórico-práctico que llamamos **ideología de género.**

Según esta autora —que nació y murió mujer sin que conste nada sobre si llegó a serlo—, la mujer fue relegada en las sociedades antiguas por no participar en las actividades que daban relevancia social: la caza y la guerra. Y la causa de su exclusión era únicamente cultural, si bien reconoce que la anatomía y la fisiología femenina condicionaban su vida y no le facilitaban ese tipo de actividades. Otra de sus aportaciones fue el desprecio por todo lo que se identifica como femenino, entre otras cosas, la maternidad. Sus textos destilan esa misoginia y desvalorización de las mujeres que se manifiestan claramente en el feminismo posterior.

---

19 *Le Monde*, 26 de enero de 1977. Disponible en los archivos oficiales del periódico: https://www.lemonde.fr/archives/article/1977/01/26/a-propos-d-un-proces_2854399_1819218.html?xtmc=vont_comparaitre_pour_attentat_a_la_pudeur_sans_violence_sur_des_mineurs_de_quinze_ains. Traducción al español: https://www.ipce.info/library_3/files/le_monde_esp.htm

La autora señala a las superestructuras culturales como el objetivo a batir, porque no solo había que mirar el factor económico, sino todo ese entramado de moral, religión, cultura, familia, raíces jurídicas... que conformaban y obligaban a la mujer a ser mujer. Y con ello establece la distinción entre el sexo biológico, algo irrelevante como el color del pelo, y el género o construcción social que otros, o uno mismo, hacen de esa circunstancia desde un estadio neutro inicial. Ni ella, ni nadie, pensó que esta propuesta teórica llegaría tan lejos en su negación de la realidad. Hay que valorar en Beauvoir su coherencia con lo que postulaba: no tuvo hijos, utilizó el aborto como forma de evitarlos, y en su lucha contra los factores culturales opresivos nunca regularizó su relación con Sartre, practicó la poliandria y la poligamia, el amor libre y el lesbianismo. Y tuvo relaciones sexuales incluso con sus alumnas menores de edad a las que seducía y compartía con su amante Sartre, porque la pederastia también era otro constructo opresivo que derribar. La publicación de su correspondencia[20] puso en evidencia el desprecio que ambos sentían por estas menores utilizadas. Finalmente, y porque la personalidad de estas ideólogas puede dar pistas sobre la desnortada evolución del feminismo, hay que señalar que, contra toda sensibilidad por la intimidad de Jean Paul Sartre, escribió un libro descarnado sobre los últimos tiempos del escritor y su declive físico y mental durante la enfermedad que terminó con él[21].

Tras Simone de Beauvoir hay que nombrar a **Betty Naomi Goldstein, Betty Friedan** (1921-2006) escritora y activista feminista que en su libro *La mística de la feminidad*[22] publicado en 1963, desarrollaba el argumento de que una idealización de

20 Riding, Alan. *The Odd Couple*. The New York Times, 14 de abril de 1996. Disponible en https://www.nytimes.com/1996/04/14/books/the-odd-couple.html

21 De Beauvoir, Simone. *La ceremonia del adiós*. Edhasa, Barcelona, 1983

22 Friedan, Betty. *La mística de la feminidad*. Cátedra. Colección Feminismos, Madrid, 2016

la mujer madre y esposa obligaba a las mujeres a realizarse bajo esos parámetros no elegidos, que no podían eludir porque se enfrentaban al rechazo social y que les creaban frustraciones y conductas autodestructivas. Esta culpabilización que hace de la feminidad, como causa de los males de las mujeres, señala el camino al feísmo del feminismo actual, hasta poder hablar de culto a la fealdad como liberación y como desprecio a esa esencia de belleza idealizada que oprime al sexo femenino. De nuevo la feminidad y lo que la caracteriza es despreciado con el objetivo de salvar a las mujeres de sí mismas. Cuando vemos las semillas de los despropósitos posteriores, se evidencia que nada es casual en esta ideología.

Como exponente ideológico del odio al varón como causante de todos los males tenemos a **Valerie Jean Solanas** (1936-1988), mujer con graves problemas psicológicos y una conflictiva biografía. Tras tratar de triunfar como autora teatral a través de Andy Warhol, a quien acosó previamente, intentó asesinarlo por no cumplir con sus expectativas y creer que se había apoderado de su obra, percepción causada por su esquizofrenia. Escribió el *Manifiesto SCUM*[23], aunque no puede ser mencionada como escritora por el nulo valor literario de este panfleto, cuyo nombre se ha relacionado con la palabra inglesa *scum*, que significa escoria, pero dado que se escribe en mayúsculas, parece provenir de las siglas de *Society for Cutting Up Men* (Sociedad para trocear-reducir a los hombres). Y exactamente eso propone: una asociación entre mujeres para eliminar físicamente a esos *dildos con patas*, peores que animales que son los hombres, de forma que solo sobrevivan unos cuantos como esclavos de SCUM hasta la desaparición de la propia especie humana.

El *Manifiesto SCUM* es un texto sin raíces ideológicas marxistas que simplemente vuelca el odio hacia los hombres y que

23 Solanas, Valerie. *Manifiesto SCUM*. Lastura. Toledo, 2018. Disponible en PDF en http://www.projusticia.es/feminazis/documentos/manifiesto%20mujer%20SCUM.pdf

establece unos planes de exterminio que con cualquier otro grupo social serían delictivos. Sin embargo, se incluye en este capítulo porque va a entroncar con la rama posterior del feminismo que desarrolla el odio al hombre como causante de la opresión de la mujer y creador de las estructuras patriarcales para perpetuar esa dominación. Y, también, porque algunas de sus propuestas han cuajado como realizables para grupos extremistas y porque es referente de movimientos feministas autodenominados SCUM cuyas intenciones con un grupo social concreto, los varones, en nada tienen que envidiar a los regímenes más genocidas. Como curiosidad, aparece aquí por primera vez la idea de que las mujeres paralicen la sociedad, frenen la economía y se hagan con el control abandonando los puestos de trabajo, propuesta que se concretó en las últimas huelgas del *8 de Marzo.* También propone dejar de cumplir las leyes, puesto que nadie puede frenar una rebelión de la mitad de la población, dejar de relacionarse con los hombres y una especie de autocrítica impuesta a los varones en la que se comienza diciendo «soy una mierda».

La recreación de la figura de Solanas en el cine se ha dotado de un *glamur* y un atractivo del que carecía, lo que ha facilitado que tenga seguidoras.

Continuando con esa rama del feminismo de inspiración marxista aparece en 1969 *Politica Sexual*[24] de **Katherine Murray-Millet** (1934-2017), Kate Millet para la posteridad, escritora y activista feminista judía estadounidense, como Friedan, con problemas psicológicos, y una personalidad conflictiva y psicópata como narra su hermana Mallory Millet[25]. De hecho, su defensa de los derechos de los pacientes psi-

24 Millet, Kate. *Política Sexual.* Ediciones Cátedra. Colección Feminismos, Madrid, 2017

25 Millett, Mallory. NO GUN EVER KILLED ANYONE. *What the story of feminist Kate Millett, the author of 'Sexual Politics', tells us about Elliot Rodger.* Disponible en https://archives.frontpagemag.com/fpm/no-gun-ever-killed-anyone-mallory-millett/

quiátricos, con el resultado de que dejaron de tratarse de su enfermedad, es el posible origen de la reivindicación de que las enfermedades mentales son otra opresión social que impone a estos pacientes una visión «normativa» de la realidad, es decir, según las normas, en vez de respetar la propia.

Su obra abre el paso al Estado en la intimidad de las personas de forma oficial al postular que la opresión de la mujer no solo implica leyes y vida pública, sino que son las estructuras privadas, la familia, las que lo perpetúan y contra las que hay que actuar. *Lo personal es político*, afirma. Señala que el hombre se ha apoderado de todas las facetas de poder y ha excluido a la mujer de esas estructuras cuyo único fundamento es la cultura y la sociedad, excluyendo cualquier diferencia biológica que pudiera haberlas propiciado y avanzando en el género como construcción social. Para ella, la institución principal de ese patriarcado opresor es la familia, por lo que hay que destruirla, y el Estado debe organizar esos ámbitos de opresión. La familia queda definitivamente culpabilizada como ya inicialmente señaló Engels.

Abundando en la destrucción de la familia y el desarrollo de una visión marxista de la vida privada aparece un año después el libro de la escritora feminista estadounidense-canadiense **Shulamith Firestone** (1945-2012) *La dialéctica del sexo: el caso de la revolución feminista*[26] (1970). Su aportación es especialmente reseñable por su trascendencia y por su extremismo, ya que une al feminismo marxista con la pederastia y el incesto. Activista radical, sufrió esquizofrenia en los años ochenta y vivió luchando contra esa enfermedad. Su cadáver se descubrió seis meses después de haber fallecido. Firestone afianza la idea del patriarcado cuando habla de un sistema clasista sexual en el que la mujer es la clase sexual oprimida y abocada al papel reproductivo, y la que debe tomar las riendas de su capacidad reproduc-

26 Firestone, Shulamith. *La dialéctica del sexo: el caso de la revolución feminista*. Kairós, Barcelona, 1976. Disponible en https://patagonialibertaria.files.wordpress.com/2014/11/163005241-shulamith-firestone-la-dialectica-del-sexo-pdf.pdf

tiva de la que los hombres se han apoderado para su beneficio, como los burgueses se apoderaron de los bienes de producción. De esta forma supone que de la revolución feminista surgirá la abolición de las clases sociales, al revés que las primeras pensadoras del feminismo marxista. En estas relaciones de poder se estructura la familia patriarcal, donde los tabúes del incesto y de la pederastia son necesarios para su funcionamiento. De hecho, afirma que la mujer y los niños sufren esa opresión sexual que niega su sexualidad y cuantifica la niñez, al igual que la feminidad, como una construcción social arbitraria. La eliminación de esos tabúes, la supresión de las diferencias entre hombre y mujer y de las «diferencias culturales de adultos y niños» haciendo desaparecer las escuelas, traerán, según Firestone, una libertad sexual natural. Incluso propone una sociedad con la reproducción desligada de las mujeres y del sexo.

La nueva sociedad establecería la eliminación de todo vínculo biológico entre padres e hijos, puesto que es la familia biológica la que mantiene esas estructuras opresivas y la desaparición de la patria potestad de estos, que carecería de sentido al no haber vínculo y al tener plenos derechos el menor, incluida la elección de sus parejas sexuales. Entre esas parejas sexuales puede haber adultos, niños e incluso la madre biológica del menor, que Firestone considera que no debería tener razones para «rechazar a priori las insinuaciones sexuales de su hijo», ya que el tabú del incesto estaría erradicado. Los niños, al quedar fuera de la protección de los padres y aunque Firestone no lo dice directamente, pertenecerían al Estado al igual que los adultos en su Estado socialista ideal e igualitario.

Con esta destrucción de la familia, considera que el patriarcado que la sustenta quedaría tocado de muerte. Tras estas aportaciones al corpus doctrinal del feminismo, la deriva respecto a la liberación sexual de los niños continúa en otros textos. Y que nadie piense que esto no se está aplicando, ya que una de las controversias de los programas actuales de educación sexual inspirados en programas de la ONU-UNESCO, es que parecen aplicar de forma práctica esos derechos sexuales de los menores arrebatados por el patriarcado junto con los de las mujeres contemplando la masturbación desde los cuatro o cinco años[27] o «incentivando la curiosidad sexual» y «los juegos eróticos infantiles»[28].

De hecho, el feminismo ya llevaba tiempo utilizando a los menores como sujetos u objetos revolucionarios, ya que Beauvoir era pedófila confesa y defendía a pedófilos, pero con esta obra de Firestone, reconocida y admirada, e incluida en los estudios feministas, se oficializa tal cosa. No hay que engañarse sobre este tema, aunque, como con muchas otras cosas, nos han estado mintiendo descaradamente hasta el momento, porque la mentira es considerada una herramienta útil y, por lo tanto, aceptable.

La definitiva equiparación del patriarcado con el capitalismo y la adscripción del feminismo a la ideología de izquierda y ultraizquierda viene con **Zillah R. Eisenstein** (1948), profesora de ciencias políticas que desarrolla su pensamiento en catorce artículos recopilados en *Capitalist Patriarchy and the case for socialist feminism*[29], donde el capitalismo y el patriarcado dependen uno de otro, y con la destrucción de la familia y de la propiedad privada a la vez se resuelven todos los problemas que aquejan al mundo. De hecho, aboga por identificar

---

27 http://www.madridsalud.es/publicaciones/OtrasPublicaciones/standars_de_calidad_de_la_educacion_sexual_en_europa_traducido_12nov.pdf.
https://ideologia-de-genero.webnode.es/news/oms-guia-estandares-de-educacion-sexual-en-europa-como-corromper-a-un-menor-y-que-parezca-saludable/

28 SKOLAE ha generado mucha controversia en Navarra donde se ha implantado de forma obligatoria y oficial. El programa se define como feminista.
http://consejoescolar.educacion.navarra.es/web1/wpcontent/uploads/2017/09/SKOLAE-Berdin-Bidean-Creciendo-enIguadad_Programa.pdf
Información sobre el contenido
https://www.hispanidad.com/uploads/s1/14/97/71/informe-skolae.pdf

29 Eisenstein, Zillah R. *Capitalist Patriarchy and the case for socialist feminism.* Monthly Review Press, New York, 1979

feminismo y marxismo, y que sea el feminismo el que termine con una sociedad liberal que excluye a las mujeres de todos los ámbitos. Se identifica como enemiga del capitalismo y la sociedad abierta, y con la obligación de destruir la familia y el orden y la calma que trae consigo, ya que todo lo que genera la familia y el mercado debe ser realizado y aportado por el Estado. En escritos posteriores, esta autora desarrollará la relación del feminismo con la lucha contra el racismo, el medioambiente..., culpando al patriarcado capitalista de cuantos males suceden en el mundo.

Hay que entender que en este momento toda la izquierda autonombrada como feminista tiene entre sus objetivos la destrucción de la familia y la intromisión del Estado en los ámbitos privados a fin de sustituirla.

En la evolución de este pensamiento era lógico que se derivaran dos consecuencias: culpar al varón de todos los abusos que por su causa realiza el patriarcado, por lo cual **merece todo el odio,** y **eliminar al** hombre de las relaciones sexuales opresivas y desiguales, que son las heterosexuales. Estamos ya en los terrenos ideológicos de lo que se llama de forma genérica **feminismo radical o *radfem*.**

La imputación al varón de la culpa colectiva del patriarcado también viene de esa concepción colectivizadora marxista de las personas en grupos de intereses. El hombre individual, incluso el niño, se ve responsabilizado de las culpas de hombres de otras épocas, de otros lugares y de cuantos desastres han achacado las feministas al patriarcado como estructura social. El hombre se convierte en el enemigo a eliminar. Paradójicamente, comienza a triunfar el proyecto androfóbico SCUM de Solanas, a través de la evolución descabellada de la dialéctica de lucha de sexos marxista con la que nada le unía ideológicamente.

Su enfoque ideológico está muy relacionado con los planteamientos del reciente movimiento feminista *Me Too*, surgido en 2017 en las redes sociales con esa etiqueta, utilizado como forma de empatizar con abusadas que utilizaba la activista **Tarana Burke**, y dirigido a denunciar el acoso y el abuso sexual ejercido por el productor Harvey Weinstein contra diversas mujeres. *Me Too* es un movimiento de sesgo claramente político que, como siempre, utiliza a las mujeres para fines ajenos a su bienestar y que terminan perjudicándolas. A raíz de la «caza de brujas» que produjo, en este caso varones afamados o adinerados que se vieron linchados sin juicio y sin delito, muchas empresas se preguntan si no es perjudicial contratar mujeres que pueden hacer interpretaciones interesadas de hechos que no constituyen delito, ni tan siquiera falta, en sus relaciones con compañeros para obtener ventajas o para vengarse. Este movimiento ha perjudicado, como siempre, la carrera de mujeres preparadas y capaces por pertenecer por sexo y sin poder evitarlo, a un colectivo que obtiene claros beneficios de la mentira, que no le supone perjuicio ninguno si se descubre y que deja sin presunción de inocencia a los varones.

Hay muchas ideólogas que desarrollan esta parte del pensamiento feminista, pero, al menos, habría que nombrar a Susan Warhaftig, conocida como **Susan Brownmiller** (1935) exponente de lo que ha dado en llamarse *cultura de la violación*. En 1975 publicó *Against Our Will: Men, Women, and Rape*[30] donde plantea que la violación no es una cuestión personal o pasional, sino un acto de poder, una forma de coacción y dominación que utilizan los hombres para atemorizar a las mujeres, lo que lo convierte en problema político. La violación sería el arma con la que el patriarcado impone su cultura y sus estructuras de dominación en las que las mujeres son relegadas y oprimidas.

Si bien la violación no debe ser banalizada, ni se debe culpar a la víctima, como afirmaba Brownmiller que sucedía hace cincuenta años, y se ha de dar la asistencia adecuada e imple-

30 Brownmiller, Susan. *Against Our Will: Men, Women, and Rape*. Bantam Books, New York, 1976

mentar medios de ayuda a la víctima, cosa que según la autora no se hacía debidamente, lo cierto es que su interpretación de ese delito individual es muy discutible y abre paso a toda una corriente de extremismo y de mujeres con una percepción de la incidencia y la gravedad del hecho distorsionada, patológica (fóbica) y ajena a la realidad, ya que tanto la autora como ellas llegan a hablar de *terrorismo masculino*, y de *arma de guerra contra las mujeres.* Incluso considera agresión sexual otras acciones que siempre se habían identificado con el cortejo, como son los piropos u otras actividades de acercamiento masculinas, más o menos acertadas, pero no delictivas, que disidentes del feminismo, como Camile Paglia (a la que veremos posteriormente) reivindican como parte del juego sexual. De esta corriente proviene la criminalización de determinados comportamientos masculinos por interpretarse como acoso. Esta autora ha sido reivindicada y devuelta a la fama por el movimiento *Me Too.*

En este grupo de *feminismo puritano,* donde las reivindicaciones razonables terminan siendo desproporcionadas por el enfoque distorsionado, las implicaciones liberticidas que suponen y las soluciones vulneradoras de los derechos de otros ciudadanos que proponen, está **Catharine Alice MacKinnon** (1946), profesora de Derecho cuyas obras inciden en la explotación y el abuso sexual a la mujer y la prostitución, pornografía y tráfico sexual. Pionera en reclamar legislaciones sobre el acoso sexual, termina incluyendo en el mismo tipo jurídico delitos y faltas y equiparando para la prohibición actividades ejercidas con la voluntad de la mujer (prostitución y pornografía) con otras al margen de su voluntad que sí constituyen delitos (violación, trata o maltrato). Esto abre el camino a una interpretación cada vez más amplia y restrictiva de lo que es abuso y utilización de la mujer, que ha llevado a la persecución feminista de actrices o modelos que aparecían en anuncios de productos diversos o en la promoción de eventos por interpretar que el cuerpo femenino era utilizado y cosificado, siempre al margen de la opinión de la mujer y dejando sin trabajo a mujeres cuyos intereses dicen defender. Esa presumible *subordinación sexualmente explícita de las mujeres a través de imágenes deshumanizadas como objetos sexuales, cosas o productos* es algo interpretable y puede llegar a ser muy opresivo y autoritario además de vulnerar libertades individuales.

En *Sexual harassment of working women: A case of sex discrimination*[31] (1979) distingue dos tipos de acoso: el «*quid pro quo*», en el que se intercambia el favor sexual por un empleo o una mejora en el trabajo, y el tipo de acoso que surge cuando el acoso sexual es una constante en el trabajo. MacKinnon sostiene que la desigualdad entre mujeres y hombres en la mayoría de las sociedades forma una jerarquía que institucionaliza el dominio masculino, subordinando a las mujeres, en un acuerdo racionalizado y, a menudo, percibido como natural.

En esta rama antimasculina estaría la activista *judeoamericana* **Andrea Rita Dworkin** (1946-2005), cuyo odio al varón parece provenir de un matrimonio conflictivo con un hombre maltratador, y que va en la dirección de considerar que todo coito heterosexual constituye una violación contra la mujer y que el matrimonio es una licencia legal para la violación. Favorable al aborto como derecho, señala tanto la pornografía como la prostitución, que ejerció al escapar de su marido, como formas de explotación y abuso contra las mujeres, al igual que otras feministas mencionadas anteriormente en esta «corriente puritana» y al contrario que otras ramas del feminismo actual en las que ambas cosas se consideran un derecho de la mujer y su cuerpo, un negocio aceptable o, incluso, parte de la lucha contra la opresión masculina.

Para saber sobre otros tópicos que el feminismo utiliza como argumento, mencionaremos que su libro *Woman hating.*

---

31 MacKinnon, Catharine A. *Sexual harassment of working women: A case of sex discrimination.* Yale University Press, New Haven, Connecticut, 1979

A radical look at sexuality[32] da paso al tópico feminista de los cuentos de hadas escritos para crear una imagen negativa de la mujer y la pornografía como continuación de esa inculcación de roles polarizados que modelan nuestra psique en héroes y objetos sexuales o siervas. También presenta la vida de las mujeres como una imposición de opresiones y violaciones, para lo que pone ejemplos pasados como la venda de pies en China o el tema de la quema de brujas, que supongo es el texto que ha llevado a las feministas a identificarse con esa iconografía y a definirse como «las hijas de las brujas que no pudisteis quemar». De nuevo vemos algo que caracteriza al feminismo: pedir políticas aquí y hoy para resolver abusos de hace siglos o de otros lugares. Científica e históricamente presenta errores y falsedades como la existencia de un matriarcado primigenio o la partenogénesis en humanos y otros tópicos. Termina este libro icónico, defendiendo el incesto, la zoofilia y que los menores se liberen sexualmente.

Entre ambas corrientes ideológicas, porque aúna el odio al varón y la eliminación de las relaciones sexuales con hombres, se puede incluir el **feminismo segregador o separatista**, cuya propuesta es la separación entre hombres y mujeres, una especie de segregación que, si bien siempre ha existido, ya que siempre ha habido clubs de hombres y hace tiempo que había diversas asociaciones de mujeres ajenas al feminismo, en este caso se cubre con la pátina ideológica. **Marilyn Frye** (1941) es una escritora feminista lesbiana que aboga por la segregación de las mujeres, pero hecha de manera consciente, excluyendo a los hombres, ya que estos no pueden aportar nada al feminismo salvo replicar dinámicas patriarcales. De aquí salen esos clubes feministas solo para mujeres o esas partes de las manifestaciones vetadas a los hombres que avergüenzan especialmente al resto de las mujeres. Con variantes en su exclusión de los hom-

32 Dworkin, Andrea. *Woman hating. A Radical look at Sexuality*. Ed. Plume. New York, 1976

bres, que van de la promoción de la castidad a la promoción del lesbianismo, esta idea se desarrolla más agresivamente en el caso de **Julie Bindel** (1962), periodista lesbiana perteneciente a este movimiento de feminismo segregador que propone encerrar a los hombres en campos de concentración[33]. Junto a la de la eliminación, una idea muy común en foros *radfem*.

Todo ello ha generado como respuesta el movimiento ***MGTOW***[34] (*Men Going Their Own Way*) formado por hombres que consideran innecesario, e incluso peligroso, relacionarse con mujeres, de las que piensan que solo buscan aprovecharse del varón, teoría cuyo origen podría señalarse en el libro *El varón domado*[35] (1971) de **Esther Vilar** (1935), donde desarrolla el argumento de que las mujeres buscan dominar e instrumentalizar a los hombres para su beneficio. Es más que probable que este desencuentro entre los dos sexos, cuya unión da estabilidad y pervivencia a las sociedades humanas y que conforman un equipo hasta ahora imbatible, sea uno de los posibles objetivos de quienes amparan y financian todo este despropósito. MGTOW, una secuela lógica, aparentemente imprevista y terriblemente negativa para la sociedad y las vidas de muchas personas, puede ser también parte del proyecto. Y desde luego es otra consecuencia de esta nefasta ideología que es el feminismo.

Hay que señalar el contrasentido, de nuevo, de grupos feministas que se dedican a exigir, por motivo de igualdad, su

---

33 La entrevista oficial apareció en Radfem Collective https://web.archive.org/web/20150904155320/http://www.radfemcollective.org/news/2015/8/29/an-interview-with-julie-bindel pero posteriormente fue eliminada la cita. outono.net elentir menciona tanto la entrevista como su posterior alteración https://www.outono.net/elentir/2015/09/13/una-famosa-feminista-inglesa-sugiere-meter-a-los-hombres-en-campos-de-concentracion/

34 Che Morpheus &Cara B MGTOW Principios fundamentales de la filosofía MGTOW. Men going their own way. Disponible en https://mail.google.com/mail/u/0/#inbox/KtbxLvHDkBWnBxbTRPDxQfTvpkFsjgCCbB?projector=1&messagePartId=0.1

35 Vilar, Esther. *El varón domado*. Grijalbo. Barcelona, 1975

acceso a clubes de hombres, a cofradías de tradición masculina..., a la vez que se persigue la educación diferenciada por sexos que, sobre todo en determinadas edades, está avalada por sus resultados de aprendizaje y educativos. Y a la vez que se impide el acceso a hombres a determinadas asociaciones u organizaciones de mujeres, generando situaciones de evidente vulneración de derechos, incluido el derecho a la igualdad.

La otra deriva ideológica, la eliminación del hombre de la vida sexual de las mujeres, el lesbianismo, tiene numerosas ventajas: se le impide el control de la procreación del que siempre le ha acusado el feminismo marxista, evita a las mujeres la función procreativa impuesta, no por la biología sino por el patriarcado, les evita también las relaciones sexuales desiguales, opresivas, controladas por el representante del patriarcado, destruye la creación de familias según el modelo capitalista y patriarcal (que este movimiento no considera biológico), desarbolando y reduciendo esa estructura menor, pero altamente peligrosa, que es la familia, y finalmente protege a las mujeres de esa violencia que consideran es mucho peor que ninguna violencia, porque es la causada por el hombre contra la mujer por el mero hecho de ser mujer: la violencia de género. El lesbianismo, por tanto, es promovido y reivindicado por diversas corrientes feministas de corte marxista. El heteropatriarcado es el nuevo enemigo, la nueva estructura que engaña y oprime a las mujeres con una sexualidad heterosexual que no es sino una construcción social, un estereotipo impuesto que puede ser elegido al margen del sexo. El género como construcción social de la sexualidad se perfila en todo su despropósito lanzando un nuevo jaque a la biología. Resulta que no somos heterosexuales por una dicotomía sexual natural que preserva y facilita la reproducción y la supervivencia de la especie, sino por un constructo social que nos imponen al nacer y que se da por supuesto en cada momento de nuestras vidas sin fundamento ninguno salvo esa imposición de la estructura heteropatriarcal.

Otra mentira que nos contarán es que la homosexualidad no puede promoverse porque viene determinada en el nacimiento, es decir, que no es un constructo social sino un factor biológico connatural al ser. Sorprendentemente la heterosexualidad sí lo es, no viene determinada por el sexo y es impuesta por ese heteropatriarcado dedicado a hacer desgraciadas a las personas.

La realidad es que el lesbianismo se propone como una militancia contra ese sistema que supuestamente está diseñado para oprimir sexualmente a la mujer. La homosexualidad femenina es una victoria, una revancha y una liberación, y muchas jóvenes se definen lesbianas por esa razón.

En esta corriente del feminismo está la profesora de Ciencias Políticas **Sheila Jeffreys** (1948), feminista y lesbiana que en su libro *La herejía lesbiana: perspectiva feminista de la revolución sexual*[36] aporta la idea de que el coito heterosexual es el sostén del sistema patriarcal. Los hombres utilizan sexualmente a las mujeres, y a través de la idea de que existe un consentimiento en las relaciones, consiguen que la utilización y el abuso no se consideren daño o vulneración de derechos humanos. Cree que no existe libre elección y que el consentimiento no es válido, por lo que cualquier relación sexual heterosexual es una violación al margen de lo que piense la mujer. De esa forma no solo reduce a la mujer a la categoría de incapacitada por inhabilitar su consentimiento y considerarla incapaz de discernir como adulta sobre sus actos, sino que, reduciendo toda relación afectivo-sexual entre sexos a un abuso, elimina de la heterosexualidad el afecto, el amor, la entrega. Defiende la corriente llamada *lesbianismo político*, que recoge la teoría de que la orientación sexual se elige, y así el lesbianismo se convierte en una alternativa para las mujeres. Naturalmente, también está en contra de la prostitución y la pornografía, a las que considera formas de utilización patriarcal, así como la moda, la cosmética… Ni las órdenes religiosas

36 Jeffreys, Sheila. *La herejía lesbiana: perspectiva feminista de la revolución sexual* Ediciones Cátedra. Col. Feminismos. Madrid, 1996

dedicadas a la educación femenina hace cien años fueron tan estrictas. No se me tome como una crítica a las monjitas, sino como una ironía. El famoso giro de trescientos sesenta grados.

Esta autora posteriormente se decantará contra la nueva vuelta de tuerca del feminismo, el feminismo *queer*, y la concepción del sexo como algo que se puede variar, razón por la que existirían las mujeres con cuerpo de hombre, rama aún más acientífica y desquiciada que lo hasta ahora expuesto y, como todo en esta ideología, consecuencia lógica de postulados ilógicos. También se definirá como contraria a los movimientos LGTB, con su inclusión de la G de gay y la T de *trans* como una corrupción del movimiento lesbofeminista.

Como todo es susceptible de empeorar según la «ley de Murphy», hay que hablar de otra teoría del feminismo que ha terminado impregnando todas las políticas de género y ha permeabilizado a la irracionalidad prácticamente todos los campos y ámbitos. Y que, por la enorme trascendencia que está teniendo en nuestra realidad cotidiana, merece mención aparte: la teoría interseccional. Esta doctrina surge de todo este compendio de confusión entre lo biológico y lo social, lo personal y lo colectivo, de este maremágnum de luchas de clases, de igualdades imposibles y de interpretación social de las diferencias naturales o genéticas como discriminaciones.

El feminismo interseccional se basa en clases que se enfrentan y en la opresión estructural de inspiración claramente marxista, pero incluye la visión de multiplicidad y simultaneidad de opresiones. Surgió en los años setenta con el **feminismo multirracial,** donde se exponía por parte de activistas negras que no era lo mismo la opresión vivida por una mujer blanca que la sufrida por mujeres negras, discapacitadas o pobres, por lo que las mujeres no eran una clase homogénea, ni la mujer blanca un representante válido.

El género, la etnia, la raza, la discapacidad, el sexo, la edad... suponen injusticias sociales que se solapan, es decir, se interseccionan, no actúan de forma independiente, sino interconectada, creando un sistema de opresión con todas ellas relacionadas.

Pero es evidente que muchas de esas diferencias son categorías naturales, por lo que el presunto discriminado es asignado al margen de su situación personal en unos «grupos víctima», lo que es intrínsecamente malo, ya que implica un determinismo falso, pero aún peor es que otras personas sean asignadas a los «grupos opresores» al margen de su situación personal y con la imposibilidad de salir de esos grupos, para los que esta ideología ha cambiado las tornas con mucha mayor crueldad que las presuntas discriminaciones que denuncian. Y es peor por la simple razón de que crea destinos y culpas inevitables, hagas lo que hagas. Porque la interpretación de la genética o la edad, evidentemente biológicas, como categorías sociales construidas y, a su vez, como identidades con sus sistemas de opresión, dominación y discriminación, significa señalar culpables concretos con una culpa congénita, colectiva e ineludible. La aplicación práctica de esta teoría y el riesgo que su oficialización supone, se puede entender con el siguiente ejemplo: un colectivo LGTBQ+ publicó un manifiesto[37] culpando de homofobia a los hombres heterosexuales blancos, delgados y católicos adscribiendo a un grupo «opresor» un pecado colectivo. Lo que ya de por sí era lamentable y posiblemente con responsabilidad de organismos oficiales, ya que esos colectivos reciben dinero público, se transformó en inadmisible cuando el Ayuntamiento de Getafe se adhirió a semejante manifiesto. La alcaldesa del PSOE lo llevó a Pleno para su ratificación.

Y esa **culpa ineludible que ya es recogida por organismos oficiales,** es la primera aberración de una teoría que nos devuelve a la irracionalidad de hace milenios. Y, naturalmente, el hombre blanco, heterosexual, de clase alta, religión mayori-

37 https://www.abc.es/espana/madrid/abci-blancos-delgados-y-catolicos-perfil-homofobo-segun-sara-hernandez-secretaria-general-psoe-m-201607020105_noticia.html

taria y adulto, es el privilegiado que, por su mera situación de privilegio y su mera existencia, oprime al resto.

Esta visión vuelve a reinventar la lucha de clases y a colectivizar a las personas de tal forma que la famosa y millonaria presentadora negra Oprah Wilfred es una víctima de doble discriminación, y el repartidor de pizzas blanco, varón y hetero, su opresor. A esta estúpida afirmación que compila la incongruencia de toda la teoría, se une la **anulación de los méritos personales** y, por tanto, **de las responsabilidades personales**. Por ejemplo, una mujer discapacitada, perteneciente a una religión minoritaria y una raza no blanca, que solo aporta daño a la sociedad por dedicarse a actividades delictivas, no puede ser malvada y miserable, porque sería achacable a su situación, mientras que un hombre blanco, heterosexual, honrado y trabajador que aporte con su esfuerzo beneficios a la sociedad, no merece sino el odio y la relegación por su pertenencia a la clase dominante. Y esta es la segunda aberración de la interseccionalidad: **la colectivización de la culpa.**

La tercera aberración surgida de esta teoría es que **solo con su existencia, los grupos opresores provocan**, sin acción alguna por su parte, que haya **discriminaciones**. Y eso solo tiene una lectura: la necesidad de **la desaparición física de los opresores**. Porque, ante tal cantidad de prerrogativas acumuladas para la casta privilegiada, la interseccionalidad de discriminaciones te permite y te justifica cualquier injusticia contra esos grupos de opresores con privilegios.

El corpus ideológico interseccional fue desarrollándose en posteriores décadas y se atribuye a la activista y profesora de raza negra **Kimberlé Williams Crenshaw** (1959) el término «interseccionalidad»[38], en 1989, para describir esas discriminaciones simultaneas. A lo que llaman «conceptualizaciones

38 Crenshaw, Kimberlé W. Mapping the Margins: Intersectionality, Identity Politics, and Violence against Women of Color, Stanford Law Review,1991 Vol. 43, No. 6., pp. 1241–1299. Disponible en https://www.racialequitytools.org/resourcefiles/mapping-margins.pdf

de opresión en la sociedad» más clásicas, como el racismo, el capacitismo (si se es discapacitado), el clasismo o el sexismo, se fueron añadiendo el colorismo (relacionado con el racismo), la homofobia, la transfobia, el machismo, la xenofobia, e incluso el *adultismo.* El *adultismo* es la **discriminación o merma de derechos que se hace a los niños por causa de su edad, incluidos los sexuales** (recuerden a algunas autoras ya reseñadas, puesto que este asunto es reivindicación del feminismo desde Firestone, si no lo retrotraemos de forma indirecta a la defensa de la pedofilia de Beauvoir). Y esa es la cuarta aberración denunciable de esta teoría, porque hay que entender que el reconocimiento del derecho sexual para los niños es el sueño húmedo de todos los pederastas del mundo. En breve veremos que otro grupo discriminado, los pedófilos, se incluye en la lista de víctimas de la interseccionalidad y su victimización sea posiblemente expresada en un término tan despreciable como *pedofilofobia.* Pero, primero, necesitan conseguir que se afiance la aceptación del término *adultismo.* Y en ello estamos.

Y hay una quinta objeción, que ser víctima y más, víctima múltiple, te hace ser «privilegiada»: **tus opresiones te dan privilegios,** creándose unas castas semejantes a las que se pretendía oprimir, la casta de multidiscriminados encantados de serlo que, naturalmente, no van a renunciar a esta teoría, ni van a reconocer que todo esto no es más que una interpretación de la realidad simplista e insostenible.

Esta teoría que inhibe de responsabilidades y méritos personales se ha infiltrado en nuestras leyes y en el argumentario de la mayoría de los políticos, creando grupos «vulnerables» por naturaleza al margen de sus capacidades, al transformar lo natural en social y, por ello, convertir las circunstancias sociales en inamovibles: es decir, que si hay algo absolutamente sexista, racista, homófobo... es la teoría feminista interseccional, que impide a las personas sustraerse de su opresión, de su grupo de opresores, o de su grupo de oprimidos. Actualmente se está variando la terminología hacia feminismo multicultural en un paso más de la mezcla entre biología y cultura que tanto rédito les produce.

Cuando se encuentre frente a personas, normalmente feministas, que hacen de la adscripción a grupos una suma de discriminaciones creando víctimas o «vulnerables» de primera, segunda... según los puntos que pueden conseguir, está frente a la teoría interseccional. La aparición de feministas musulmanas con velo está muy relacionada con esta visión de la pertenencia a un grupo con varios «bonos de opresión» como ventaja social. El velo es la prueba evidente de su opresión interseccional. La explicación de que lo lleva porque quiere es cierta, en parte.

Como es lógico, la raza es complicado variarla, aunque hubo una activista de aspecto nórdico que consiguió convencer a todos de su raza negra, pero ser mujer y lesbiana te da doble puntuación. Metidos en esta teoría, y con la idea de que el lesbianismo es una forma de luchar contra el heteropatriarcado, más los bonus de «multivíctima» de la interseccionalidad, la promoción es clara cuando se está dentro de estas redes. Lesbiana puede ser cualquier mujer, como hemos visto y, en seguida, veremos que «mujer» puede ser cualquiera. Un hombre heterosexual puede ser, en realidad, una mujer lesbiana.

De hecho, pese a su origen racial, esta teoría interseccional ha sido capitalizada y adaptada al feminismo *queer* que veremos en el próximo capítulo por posibles motivos tan obvios como la acumulación de razones para ser víctima y exigir prebendas. De hecho, el ejemplo del manifiesto del colectivo LGTBIQ+ aplicando esta teoría a los opresores muestra lo mucho que ha calado en estos grupos la teoría interseccional.

En esta adscripción de grupos discriminados por la maraña de relaciones opresivas que defiende la interseccionalidad, están también los enfermos mentales, que al fin y al cabo solo son personas con realidades paralelas a las que se discrimina por no tener la misma visión del mundo que la norma. Recuerden la reivindicación de Kate Millet.

Las consecuencias lógicas y los hijos oprimidos de esta teoría, también por la inercia de la lógica, pueden ser infinitos y por causas descabelladas. Quizá habría que plantearse dejar de invertir fondos públicos en este entramado, desde los que enseñan en aulas y Universidades esta ideología, a los que exigen y consiguen dinero como colectivo por su intersección de discriminaciones.

4. LAS TEORÍAS *QUEER* CUANDO LA MUJER SE DIFUMINA

La siguiente rama que surge del feminismo de izquierda es, de nuevo y como siempre, pura lógica de la irracionalidad: si la biología no es determinante, de hecho, es irrelevante, incluso negativa como imposición ideada por el patriarcado heterocapitalista, si cualquier persona puede autoconstruirse al margen de ella, es normal que existan hombres que biológicamente son mujeres y viceversa, incluso que no existan hombres y mujeres y que se pueda fluctuar de una identidad a otra. Sin abandonar la ideología izquierdista de lucha contra el capitalismo y de clases sexuales oprimidas, simplemente se cambia la estrategia de destrucción social. No hay que perder de vista que el marxismo desembarcó en el movimiento feminista para no abandonarlo jamás. Al menos, hasta hoy.

Puesto que esta etapa del feminismo es determinante para comprender lo que estamos viviendo, pero también es complicada de explicar porque carece de toda lógica salvo para quien asume las premisas en las que se fundamenta, trataré de desentrañar el desarrollo ideológico para evidenciar la evolución. Entramos en el feminismo *queer.*

La palabra *queer*, que significaba algo así como *inadaptado social*, *desviado*, con matiz descalificador, fue reivindicada por grupos homosexualistas y feministas radicales para señalar que no se pensaban integrar en esta sociedad y que lo consideraban motivo de orgullo. En realidad, es una etiqueta identitaria de un movimiento que niega toda identidad y cuyos postulados han alcanzado la política y la cultura universitaria poniendo en cuestión toda realidad y buscando subvertir la sociedad heteropatriarcal capitalista desde los cimientos.

Hay que entender que si de las corrientes anteriores se ha inferido la lucha de sexos y la concepción de cualquier acto por parte del hombre hacia la mujer como un abuso, y la promoción del lesbianismo como forma de lucha contra el heteropatriarcado opresor, ahora la propuesta es más arriesgada: no hay que luchar contra el patriarcado, lo que supone asumir categorías como hombre o mujer, sino destruir esas categorías para derribar, a su vez, las estructuras de poder montadas sobre la imposición, sin fundamento según estas feministas, de una alteridad sexual y de una heteronormatividad, es decir, partimos de que el patriarcado y el capitalismo nos imponen, para esclavizarnos, la descabellada idea de que la heterosexualidad es la norma. La lucha es ya contra el heteropatriarcado y el cisheteropatriarcado entendiendo que las personas *cis*, frente a las *trans*, son las que aceptan su sexo biológico.

Una de las feministas que hizo germinar esta rama *queer* fue la escritora francesa feminista y lesbiana **Monique Wittig** (1935-2003), que afirma, como ya hemos adelantado, que el sexo es una categoría impuesta a las mujeres por una sociedad heteropatriarcal que las obliga a la heterosexualidad y a la reproducción de la especie. En su libro recopilatorio *El pensamiento heterosexual y otros ensayos*[39] (1992), desarrolla varias ideas clave del feminismo posterior hasta el punto de ser otro de los textos, como todos los que estamos viendo, de estudio obligatorio en el ámbito feminista pese a ser un compendio de afirmaciones sin demostración, descalificaciones gratuitas al pensamiento disidente y falacias de razonamiento circular que no convencen a nadie, salvo a quien

39 Wittig, Monique. *El pensamiento heterosexual y otros ensayos*. Colección G. Ed. Egales. Madrid, 2005

ya asume previamente todo el entramado teórico, como señala **Hoann Setrid**[40] en su interesante estudio sobre Wittig.

Su pensamiento, de clara raíz materialista, parte de que toda idea y categoría es cultural y es el poder el que determina el concepto de sexo y no a la inversa, concepto este de sexo que no existiría fuera de la estructura social. Entronca, dándole un nuevo giro, con la afirmación de Beauvoir acerca de que «no se nace mujer, sino que se llega a ser», afirmando que no hay nada biológico que determine o diferencie a hombres y mujeres como no lo había entre esclavos y amos (obviando las diferencias fisiológicas y genéticas del sexo), salvo su adscripción a una clase social, ya que el sexo es un sistema político.

Y esa adscripción a una clase sexual del sistema heteronormativo —los sexos no existen— es lo que hace que la mujer tenga la carga de la procreación, y el monopolio de ser asesinada, maltratada, violada... Es más, afirma que nuestra percepción de dos sexos es fruto de un pensamiento impuesto, y cualquiera que niegue sus teorías o acepte ese pensamiento impuesto, está alienado o participa de esta conspiración de crear una realidad con dimorfismo sexual. No sé a qué categoría pertenece esta humilde autora al refutar sus teorías.

Las formas de huir de ese sistema opresivo heterosexual que propone son, por un lado, el lesbianismo, lo que contrasta con la homosexualidad congénita e invariable que la ideología de género defiende en otras ocasiones y, por otro, escapar de las ciencias y la cultura, que establecen el dimorfismo sexual: filosofía, antropología, historia, biología..., es decir, todas las que ponen en entredicho o desmontan las teorías cada vez más descabelladas del feminismo actual. Naturalmente, negar la realidad no hace que esta realidad no exista. En esta vuelta de tuerca deberíamos ver el origen de la negación de las disciplinas científicas y la persecución de los científicos con honradez intelectual que estamos viendo en la actualidad. Niñas sin cultura, ni más conocimientos

40 Setrid, Hoann. https://hoann-setrid.blogspot.com/2018/01/monique-wittig.html

que unos cuantos panfletos feministas con eslóganes estúpidos, afirman que «la biología se ha quedado antigua».

Asocia la obligación de la procreación impuesta a las mujeres, al matrimonio, al coito forzado, a la pareja heterosexual, y la concibe como un servicio sexual obligado, como forma de imponerles esas funciones de producir niños, que considera tan peligroso como ir a la guerra. Todas las afirmaciones de esta autora son un anacronismo y pertenecen, en todo caso, a épocas pretéritas donde la vida era mucho más dura, tanto para hombres como para mujeres. La evidencia de que nadie le obligó a la maternidad y el hecho de que pudo elegir ser lesbiana demuestra que todo este entramado de obligaciones e imposiciones carece de sustrato real.

Wittig propone una sociedad sin distinciones de sexo a fin de eliminar la diferencia entre clase opresora y oprimida. El feminismo no debe luchar por la mujer, sino por eliminar la clase social «mujer». Y confunde determinados rasgos secundarios propios del dimorfismo sexual como algo que se obliga a marcar en el sistema social sin entender que, al margen de neutralizar tales rasgos, las diferencias son muchas más y más profundas, además de la capacidad de dar a luz, que considera la forma de marcar quién es «mujer». Si la idolatrada Wittig es incapaz de distinguir a hombres y mujeres uniformados y con todos los rasgos diferenciadores anulados por la uniformidad, el resto sí podemos. Y solo con eso se desmonta una teoría basada en evidentes falsedades.

Pero Wittig también es responsable de otra lamentable aportación del feminismo actual a la sociedad al señalar el lenguaje como otra forma de perpetuar esas diferencias opresivas y discriminadoras a través del género de las palabras. En su novela *El cuerpo lesbiano*[41] pone en práctica la desconstrucción del lenguaje utilizando términos neutros, propuesta que actualmente ha derivado en esa destrucción del lenguaje que

41 Wittig, Monique. *El cuerpo lesbiano.* Editorial Pre-Textos. Valencia, 1977

vemos hoy, con las palabras con «x», «@», el uso de la letra «e» en sustitución de la «o» en el final de palabra, y aberraciones terminológicas varias que solo son aceptables desde una ignorancia suprema de la lingüística y la etimología.

En la teoría *queer*, que es en definitiva la ideología de género llevada a su fase final, también ha contribuido la filósofa posestructuralista lesbiana **Judith Butler** (1956) cuyo ensayo, de lectura obligada como todo lo anterior en los estudios de género que como hongos proliferan en las Universidades, *El género en disputa. Feminismo y la subversión de la identidad*[42] (1990) termina con la deconstrucción del género y el sexo. Es consciente de que da un nuevo giro al feminismo, ya que culpa a las feministas de asumir y trabajar desde valores de un «supuesto heterosexual dominante» que establece un número limitado de identidades, ampliando el concepto de género para dar cabida a todos los gustos y formas sexuales que puedan imaginarse.

Su teoría performativa del género y la sexualidad abre el feminismo y la lucha contra el hombre, la familia y el heteropatriarcado a otros grupos oprimidos. Las identidades no son fijas ni estables, sino un mecanismo de poder, una forma coercitiva de interpretar la realidad que nos imponen durante la socialización, identidad a la que nos aferramos para ser aceptados y que se nos impone y nos condiciona al asignárnoslo en el nacimiento. De aquí surge el empeño de los adeptos a esta ideología de no asignar un sexo o género, o nombre sexuado al recién nacido y dejar que lo decida cuando sea mayor o en cualquier momento de su vida, ya que no se puede tomar esa decisión basándonos en su genética o sus genitales. La identidad ha de ser como una performance, algo diverso y variable, una puesta en escena.

Para ella, como para Wittig, tampoco existe el concepto de mujer ni la distinción entre sexo biológico y género. Todo rasgo

42 Butler, Judith. *El género en disputa. El feminismo y la subversión de la identidad.* Ediciones Paidós. España, 2007

biológico es arbitrario, irrelevante y utilizado por intereses políticos. Como es evidente que la realidad le desmiente, se ampara en los hermafroditas, haciendo de la excepción, la norma. Su objetivo es romper el binarismo, es decir, la existencia del dimorfismo sexual, porque el sexo es también una categoría cultural.

La deconstrucción de sexo, género y deseo como normas culturales que son y que violentan a los que no participan de ellas, es la forma de escapar de esas estructuras de poder que te fijan a una identidad. Las «identidades itinerantes», la ambigüedad, es la forma de escapar de la opresión de esa identidad construida para tal fin. Y señala la idea del género fluido y las identidades no estables que, como con toda teoría feminista descabellada, ha ido dando sus frutos en personas que ahora nos cuentan que tienen una identidad fluida o variable en función de sus sentimientos internos y no de su realidad externa. Y ya hay países que imponen mediante leyes y castigos que su realidad interna sea aceptada con el pronombre adecuado.

También en aras de esa deconstrucción de tabúes culturales limitadores y, por ello opresivos, se invita a la destrucción no solo de la familia y el matrimonio, sino del concepto hombre y mujer como productos de la heterosexualidad, e incluso del tabú del incesto de la misma forma que se derribó el tabú de la homosexualidad. Y tras todo ello, derrumbar la superestructura que sostiene el capitalismo para entronizar al travestismo, la transexualidad y, desde luego, el lesbianismo y la homosexualidad. La libertad de hacer este tipo de elucubraciones ideológicas sin base y con un alto grado de autodestrucción y destrucción social empieza a ser peligrosa cuando se imponen mediante leyes y se enseñan a los menores como realidades, cosa que ya sucede hace tiempo y empieza a dar sus frutos en forma de niños y niñas que, puesto que pueden elegir, dicen ser del sexo contrario.

Porque de las ideas de esta autora proviene la educación feminista *queer* que afirma que el mundo no es binario, así como la indicación de que pueden construir su identidad sin ningún tipo de atadura con la realidad biológica, falacias que se enseñan a los menores en las escuelas hoy y aquí. Estas enseñanzas, que se imparten a niños muy pequeños con la extraña disculpa de la inclusividad y la comprensión hacia el niño que no está de acuerdo con su identidad sexual en edades donde no tiene conformada ni tan siquiera la identidad, altera la percepción del menor sobre sí mismo y sus posibilidades, y es claramente negativa por su falsedad de base y las complicaciones que provoca esta lucha contra la naturaleza y la realidad. Porque, naturalmente, al niño no le dicen las consecuencias de afirmarse en una identidad diferente a su genética.

Su batalla, de nuevo y como siempre desde que el feminismo perdió el norte, los objetivos y la cordura, es contra la naturaleza, pero lo asombroso es que haya tenido tanto éxito que en este momento haya hasta leyes que prohíben, bajo multa, expresar la realidad percibida por un observador externo respecto a la identidad percibida de algunas personas sobre sí mismas vulnerando la libertad, ya no de expresión o de opinión, sino de pensamiento y percepción.

Toda esta estructura ideológica basada en negar la evidencia y la naturaleza se desploma, en forma de multas, insultos y castigos, sobre los que no aceptan la imposición de sentimientos y percepciones.

De estas corrientes, ya completamente alejadas de cualquier realidad, que ya no interpretan, sino que deconstruyen y reinventan, y que se desarrollan en los diversos países por inspiración de las anteriores ideólogas, vamos a ver las más cercanas por idioma y fama en nuestro entorno, que no por el valor ensayístico, ni estilístico (en fondo y forma) de sus aportaciones al mundo literario, para ilustrar las nuevas ramas del feminismo.

Tenemos casos como el de **Beatriz Preciado** (1970), filósofa lesbiana y *queer* española, que, en su *Manifiesto contrasexual*[43]

43 Preciado, Beatriz. *Manifiesto contrasexual.* Editorial Anagrama. Col. Argumentos. Barcelona, 2011

(2002) reivindica la creación de nuevas formas de placer sexual al margen de los órganos reproductivos, que no dejan de ser una forma de dominación heterosocial que reduce el cuerpo a zonas erógenas que llevan implícita la asimetría de poder entre los géneros. Los trabajadores del ano son los proletarios de esta revolución contrasexual. Preciado recomienda cosas como atarse dos dildos a unos zapatos de tacón de aguja, introducírselos en el ano y fingir orgasmos, o masturbarse un brazo, como formas de lucha contrasexual. En un ejercicio de coherencia con lo incoherente y ya como Paul B. Preciado escribió *Testo Yonqui*[44] (2008), una mezcla de ensayo y autobiografía de capital importancia para el **transfeminismo,** y donde analiza el capitalismo llamándolo régimen farmacopornográfico, ya que la pornografía y la industria farmacéutica son determinantes en él, a la vez que narra su proceso de masculinización voluntaria a base de testosterona sintética en gel como un experimento de exploración personal y política sobre su cuerpo y afectos. Con razón, el ensayista y analista político Nicolás Márquez llama a estas corrientes «pornomarxismo»[45].

Este es el mismo camino, no demasiado original, para quien quiere deconstruir la naturaleza, que siguió en su momento la activista lesbiana feminista americana **Pat Califia,** que ahora se autopercibe como hombre y es hombre-trans aunque, para esta rama ideológica, no existan esas categorías de hombre-mujer y el mundo no sea binario. También la profesora, activista y femi-*queer*, Raquel-Lucas Platero, representante del feminismo interseccional *queer*, «transiciona» en la misma dirección: de mujer a hombre. Parece ser, y es lógico, que hay mucha feminista lesbiana que dice cambiar su identidad sexual a hombre, ya que consideran que es social y variable.

Otro hito del feminismo *queer* que no debemos dejar de mencionar es la aportación en favor de las mujeres (entiéndase

---

44 Preciado, Paul B. *Testo Yonqui*. Ed. Espasa. Barcelona, 2008

45 https://jandresgn.wordpress.com/2017/01/10/el-pornomarxismo/

la ironía) de la filóloga, feminista y artista performativa **Diana Torres** (1981). En su libro *Pornoterrorismo*[46] (2011), donde utiliza la «x» como forma de neutralizar términos con género masculino y femenino, su «corpus ideológico» incluye la limpieza y el aseo personal como imposición política opresiva, la prostitución como negocio y herramienta política, el sexo para los niños (*los niños follan*, nos dice), la despatologización de cualquier comportamiento considerado patológico, el porno, el desprecio por la tolerancia y el respeto, el disfrute con la muerte y el dolor ajeno, el sadomasoquismo, las atracciones sexuales tabú, el *fixting* anal y vaginal (introducir el puño), los fluidos corporales, la fealdad, el horror, la maldad como reivindicación política. Se identifica con las brujas perseguidas de hace siglos y justifica el odio al que no piensa como ella y al que achaca, como en un espejo, sus pulsiones desquiciadas y homicidas y el ser culpable de quemar brujas, lo que autoriza a la más feroz venganza. Otra vez aparece la iconografía de brujas y aquelarres que vemos últimamente y ese afán en ser «las hijas de las brujas que no quemasteis», ahora en el feminismo posporno. Para ella, el transfeminismo es transgresión, libertad, hacer lo que se quiere y, sobre todo, aterrorizar a los que considera sus opresores biempensantes. Según la autora, ese es el futuro del feminismo.

Además de «pensadora», es activista. Creó un grupo de prostitutas *queer*, las Perrxs Horizontales, y realiza performances de posporno introduciéndose objetos en la vagina (por ejemplo, un micro, para luego escuchar los sonidos de golpes en las nalgas) o clavándose agujas a la vez que se masturba. La vindicación de la prostitución como lucha política le llevó a aparecer en una marcha del **8M** con una correa llevada por su

46 Torres, Diana J. *Pornoterrorismo*. Editorial Txalaparta. Col. Gebara. España, 2010. Disponible en https://juancarloslemusstave.files.wordpress.com/2015/09/pornoterrorismo.pdf

amante femenina y el cartel «puta y sumisa» para contradecir al eslogan, «ni putas, ni sumisas».

Para saber de dónde viene cierto tipo de feministas bastante jóvenes y desagradables hay que hablar del libro *Foucault para encapuchadas*[47] (2014), obra de un grupo feminista *queer* argentino llamado «Manada de Lobxs». Aunque está escrito de forma colectiva y cada capítulo por grupos diferentes, lo que le hace carecer de hilo argumental, está en línea con las teorías *queer* de destrucción de toda identidad para combatir el heterocapitalismo. Pero dando un paso más en sus propuestas y, sobre todo, en su odio y su resentimiento, refleja e inspira, en un *feedback* siniestro, a ese feminismo argentino violento y brutal que vemos en las marchas anuales de mujeres. Y que han empezado a exportar al resto del mundo por la simple razón de que lo malo, con la publicidad, se expande como la mala hierba, y de que su trabajo como elementos de coacción y discordia social interesa o beneficia a quienes han financiado todo este entramado desde el principio.

El libro fomenta el odio y niega la ciencia por la sencilla razón de que sus conclusiones no le gustan y, además de Foucault, cuyo nombre da título al libro y sus teorías impregnan el texto, se adivina a Millet y su politización del ámbito privado, a Wittig y la heterosexualidad como sistema político; a Firestone y su infancia sexualmente emancipada; a Butler y la deconstrucción de las identidades; a Preciado y su lucha contra el genitocentrismo; a Jeffreys y Dworkin y su concepción de las relaciones heterosexuales como abusos y violaciones; a Solanas y su resentimiento... Lo mejor de cada casa en un libro en el que, de nuevo en el feminismo, si se cambiara el receptor de todos los odios, el heterosexual, por cualquiera de los grupos presuntamente oprimidos, sería delictivo y perseguido por

47 Manada de lobas. *Foucault para encapuchadas*. Queen Ludd Editora. Argentina, 2017. Disponible en https://distribuidorapeligrosidadsocial.files.wordpress.com/2011/11/foucault-para-encapuchadas.pdf

incitación al odio del de verdad, no de ese sucedáneo de odio al que se apela últimamente y que consiste en que alguien no esté de acuerdo con esta ideología.

En sus distintos artículos se mezcla todo lo anterior con la destrucción como guía y la violencia como medio: destrucción del heteropatriarcado y del heterocapitalismo. Destrucción de las categorías sexuales represivas y del sistema heteronormativo de reproducción humana. Abolición de la tiranía de los órganos reproductivos en la sexualidad, de las formas de parentesco (familia) y de los tabúes del incesto. Eliminación del sexo en parejas en beneficio de un sexo en grupo con afines sexoafectivos, y de cualquiera que no acepte la imposición de su forma de vida y visión del mundo bastante desquiciada. Deconstrucción del lenguaje, de las categorías sociales, de la concordia social, de la ética y la moral. Utilización de la educación, la prostitución y el sexo como negocio y forma de lucha contra el sistema farmacopornográfico. Volvemos a lo de siempre: feminismo con fines de rebelión política y de revolución social, aunque en realidad se lucha contra la biología y la realidad, y todo con el resultado último de evitar las relaciones heterosexuales y reproductivas para regocijo de los antinatalistas y malthusianos.

Sin embargo, lo que más llama la atención en este texto es la violencia y el odio que destila, en especial hacia los heterosexuales, el hombre, la familia y la humanidad. Hace tiempo que se puede denunciar en la evolución del feminismo-ideología de género una heterofobia latente, pero en este libro ya ronda el delito. El odio surge de la acusación de que los heteros se han apoderado del mundo y encima se empeñan en asistir a los actos de los no heteros, o los *queer*, apoderándose también de su lucha. Insultos, desprecio, amenazas de violencia y la afirmación de que están en guerra contra los heterosexuales, sus leyes de diversidad y su respeto y empatía por la diversidad. Y con el argumento de que los heteros no van a querer ceder su poder por las buenas, se justifica la lucha por la hegemonía. Se afirma que la heterosexualidad es una enfermedad y que no se quiere relación con tales enfermos, ni compartir nada con ellos hasta hacer una declaración de guerra contra los heterosexuales. Y contra la propia familia a la que dicen, han «matado», eliminado de sus vidas hasta el punto de resultar complicado determinar diferencias entre las sectas destructivas y el funcionamiento de este grupo ideológico e incluso de algunas ramas del feminismo *queer* o del radical.

El nuevo salto que se observa es el paso del «déjenme ser yo y vivir mi vida en paz» con el que nos venden todo esto, a la imposición de esa ideología mediante la persecución violenta del disidente. Y nadie debería sorprenderse de ello porque, al final, el feminismo siempre fue imponer una forma de vida por encima de las decisiones personales. Su radicalización en todos los aspectos solo lo pone más en evidencia.

Pertenece a esta visión del feminismo *queer* la pancarta de «hetero muerto, abono pa mi huerto» [sic][48] que estuvo colgada en la Universidad Complutense de Madrid durante días sin que la casta opresora se atreviera a quitarla por falta de interés en censurar y oprimir, con lo aficionados que se supone que son a esas cosas, por miedo, o por ignorancia del significado y la violenta y enloquecida base ideológica subyacente que sustenta esas reivindicaciones. Las pintadas violentas con amenazas a la vida de los heteros, los familiares varones, los hombres..., son obra de esta variante del transfeminismo como propuestas de rebelión y forma de lucha contra la moral social. Defienden la violencia y la delincuencia al tiempo que se oponen a las cárceles y el orden público en una clara búsqueda de la revolución y el caos.

La subversión que se propone va dirigida a todo. Y ese afán por definirse con adjetivos negativos, pues ya dicen en el segundo texto «*la manada es el tejido de disensiones inconfesa-*

48 https://www.outono.net/elentir/2016/12/17/una-universidad-defiende-una-pancarta-que-decia-hetero-muerto-abono-pa-mi-huerto/

bles: desviadas, pobres, prisioneras, ladronas, criminales, locas, perversas, corrompidas, demasiado vivas, desbordantes, perdidas, putas», obedece de nuevo a una evolución lógica dentro de la sinrazón: en primer lugar, llegar al absurdo en los planteamientos que incluirían desde la deconstrucción del lenguaje, hasta la deconstrucción de la realidad; en segundo lugar, el empeño en reivindicar presuntos oprimidos que ya incluirían a criminales o ladrones, personas que se ven discriminadas por la incomprensión de unas acciones de las que no son responsables, ya que la sociedad heterocapitalista les empuja a ello, o enfermos mentales que, como vimos, su realidad paralela ya no es aceptada por los «normativos»; y, en tercer lugar, etiquetarse con el mayor número de estigmas para ser las discriminadas entre las discriminadas, forzando a su favor la teoría de la interseccionalidad de las estructuras opresivas múltiples, consiguiendo una situación insostenible, tan insostenible que resulta justificado y aceptable el uso de la violencia.

Cuando se encuentre a una feminista que se autodefine como *bollera, puta, transmaricabollo, loca, desviada, ladrona...*, está usted ante una seguidora de la evolución ideológica que se materializa con el texto de estos desquiciados colectivos de Manada de Lobxs. Si lee el texto que la inspira, considerará con toda razón que es un peligro real, y no el patriarcado, ni el heterocapitalismo, ni esas «estructuras fantasmas» con las que justifican la violencia, el odio y la locura, sobre todo, porque esta ideología ha llegado a las Universidades, a las cátedras, a las asociaciones de alumnos y las aulas, y recibe fondos públicos para sus actividades.

Este texto de Paco Vidarte, que encabeza uno de los capítulos, *El deseo como máquina de guerra*[49] puede dar idea del enfoque del libro, y es un buen ejemplo de la proyección política de

49 Manada de lobas. *Foucault para encapuchadas*. Queen Ludd Editora. Argentina, 2017. Texto de Paco Vidarte Ética Marica en *El deseo como máquina de guerra*. Disponible en https://distribuidorapeligrosidadsocial.files.wordpress.com/2011/11/foucault-para-encapuchadas.pdf

lo privado, el adoctrinamiento de los menores para su uso en la lucha pornopolítica y la imposición a lesbianas, homosexuales o trans de un proyecto de vida dirigido a su utilización política como jamás el sistema heterocapitalista hubiera hecho:

> *Las maritrans, de pequeñas, cuando se les pregunta qué quieren ser de mayor deberían responder: quiero ser bollera, maricón, transex. Quiero llegar a convertirme en un sujeto político real, capaz de intervenir en la sociedad desde mi ser lesbiano. Me importa una mierda si luego, la inercia de las cosas me lleva a ser bombero o Dj: eso es accidental. De mayor me encantaría llegar a la plenitud y vivir solidariamente la marica que llevo dentro. Si en algún momento de mi vida olvido esto y me convierto en taxista con prácticas sodomitas, en abogada comechochos, en bombero travesti y acabo pensando que mi vida sexual es privada y que lo verdaderamente socializable y público es todo cuanto depende de familiares, entonces habré dejado en la cuneta a la lesbiana, marica, estupenda que aún no soy, pero me encantaría llegar a ser de mayor.*

Aunque es un texto colectivo, el motor de la obra es **Leonor Silvestri** (1976), fundadora del colectivo *Ludditas Sexxxuales*, con el objetivo de destruir el amor sentimentaloide y los estereotipos sexuales y de género, la heteronormatividad y conseguir la sustitución de la pareja por *afectaciones alegres* con los afines sexoafectivos y la manada. Los mismos mantras que vertebran el feminismo desde que utilizó a la mujer para sus fines, pero con un enfoque menos político, más lúdico e impúdico.

Me preguntarán que dónde se ha quedado aquí la mujer, sus derechos y sus intereses… Ni idea. Pero, créanme que les sigo hablando de feminismo. Por eso no soy feminista.

5. EL FEMINISMO INSTITUCIONAL: LA REVOLUCIÓN VIENE DE ARRIBA

Como hemos visto, el feminismo de raíz marxista, es decir, lo que ahora existe como feminismo que, permítanme que repita, nada tiene que ver con los derechos de la mujer o la igualdad y que es una mezcla de contradicciones, acientifismo, victimismo y revancha, nunca hubiera podido llegar tan lejos sin contar con algún tipo de ayuda. De hecho, en este momento hay movimientos masculinistas de hombres que tratan de reivindicar sus derechos perdidos, recuperar su presunción de inocencia, o poder ver a sus hijos en caso de rupturas de pareja y no pasan de ser grupos más o menos organizados y sin trascendencia institucional pese a que sus objetivos y reclamaciones son justas y tienen base real.

Puesto que parte de planteamientos marxistas, no es descabellado pensar que esta ideología que socava las bases de la sociedad ha sido **amparada y ayudada en la sombra por los países marxistas** con el doble objetivo de **desestabilizar a sus enemigos**, de **apoyar a sus seguidores** en occidente y de **introducir su doctrina** de lucha de clases para una posterior implantación de dictaduras del proletariado.

Tal cosa nos confirma el agente ruso de la KGB Yuri Bezmenov en una interesante entrevista[50], explicándonos cómo se ha ido adoctrinando en odio a la propia civilización

50 Vídeo https://youtu.be/OmsDN0i4tm8 Yuri Bezmenov: subversión ideológica.

y marxismo cultural para desmoralizar y destruir la sociedad occidental desde sus fundamentos, los valores, y desde sus brotes, los jóvenes. Exactamente lo que propone el feminismo y la ideología de género. Que cada lector valore hasta dónde ha llegado en la consecución de sus objetivos.

Pero con esto no bastaría, porque los propios gobiernos cortarían tales incursiones ideológicas o, al menos, convivirían con otras ideas, o existiría el debate lógico en sociedades realmente libres. Es evidente que no ha sido así y que otros intereses han permitido y colaborado con estas ideologías para conseguir la implantación total y el pensamiento único. Con una nueva ola feminista en los años sesenta, asociaciones como NOW (National Organization for Woman) y otros grupos feministas van radicalizando el pensamiento de Beauvoir en ese sentido de lucha de clases y revolución sexual como forma de cambiar la sociedad patriarcal y opresora señalando el papel de la mujer, esposa y madre, como la causa de su permanencia en los ámbitos privados de la sociedad, dedicada al cuidado de los hijos. Y esos **postulados del feminismo con su reivindicación del aborto, las relaciones lésbicas y homosexuales**, la eliminación de la atracción heterosexual con hombres feminizados y mujeres masculinizadas y la persecución del varón creándole pánico a las relaciones con mujeres, se revelaron de crucial influencia **en la tasa poblacional, lo que hace que grupos neomalthusianos los vean como algo interesante** para controlar la demografía y reducir población. Además, **el aborto se revela como un extraordinario negocio**, y **la revolución sexual como una fuente inagotable de clientela**, a la que también se puede surtir de métodos anticonceptivos diversos a sabiendas de que la *solución final* del aborto siempre iba a dejar resquicio a la irresponsabilidad en su uso al ser conscientes de que si se producen errores hay red de seguridad para subsanarlos. Esos grupos de mujeres llegaron a alcanzar una fuerza e influencia que sería sorprendente sin esos poderosos apoyos. Y es la propia Gloria Steinem, miembro de NOW, la que nos confirma la ayuda de la CIA[51] a estos grupos y a su revista feminista «Ms.»[52].

Respecto a esta organización que tanto poder llegó a alcanzar, NOW, es muy interesante el testimonio de Mallory Millet[53], cuya hermana Kate fue una de las fundadoras, en el que narra los objetivos de la organización, sus planes para destruir la sociedad estadounidense, la familia y el patriarcado, objetivos que ella considera inasumibles para ese pequeño grupo y cuyo éxito solo es explicable con el apoyo de grandes grupos de poder. Como curiosidad, refiere un antecedente de las oraciones feministas imitando a las preces religiosas, que a veces hemos visto en las reuniones de estos grupos. Todo lo que vemos hacer a las feministas hoy, tiene un antecedente teórico que se ha trasmitido en los estudios que han afianzado la ideología de género, y desarrollado y aplicado posteriormente.

Es en la década de los años setenta cuando el Club de Roma[54] vaticina un futuro dantesco de agotamiento de los recursos del planeta por sobrepoblación y el, aún secreto *NSSM-200* (*National Security Study Memorandum 200*), que también se conoce con el nombre de *The Kissinger Report* (Informe

---

51 Steinem, Gloria. Para ver la entrevista
https://www.youtube.com/watch?v=_rJB6gvlFQU
Programa de radio
https://www.youtube.com/watch?v=Fdi_5cckbXA
https://www.youtube.com/watch?v=4HRUEqyZ7p8

52 https://es.wikipedia.org/wiki/Ms._(revista)

53 Millett, Mallory. MARXIST FEMINISM'S RUINED LIVES. *The horror I witnessed inside the women's «liberation» movement.* Disponible online en https://archives.frontpagemag.com/fpm/marxist-feminisms-ruined-lives-mallory-millett/

54 Club de Roma 1970
https://profeitm.blogspot.com/2020/04/analisis-dinamico-del-sistema-mundo.html
https://es.wikipedia.org/wiki/Club_de_Roma

Kissinger)[55] señala en 1974, como problema para la hegemonía de EE. UU., la explosión demográfica previsible en los países en vías de desarrollo por su alta natalidad y su decreciente mortalidad a causa de los avances en higiene, medicina y tecnología. Y su receta era el control poblacional de esos países. Es lógico pensar que **grandes corporaciones, organismos internacionales y servicios secretos vieran en el feminismo una herramienta para sus intereses**. Quizá por esto, paralelamente al avance social de esta ideología, se empezaban a producir asaltos a los **puestos de influencia en los grandes organismos** que posteriormente iban a ayudar, con su enorme poder, a la imposición en el mundo entero de esta visión de los sexos y de la mujer que, sin apoyo de *lobbies* muy influyentes, hubiera sido imposible. De igual manera, comienzan a implementarse **ayudas a mujeres y asociaciones** que contribuyeran a expandir el feminismo desde el olvido de la mujer real y biológica. Puesto que no era fácil que la mayoría de las mujeres aceptaran voluntaria y entusiásticamente unas directivas tan opuestas a su propia esencia, a su biología, sus percepciones, gustos, deseos, comportamientos e intereses, era necesario imponerlas desde arriba con grandes **asignaciones de fondos a las organizaciones ideológicas, la toma de aulas de menores y universidades, y leyes que instaurarán y oficializarán la ideología,** ya sea desde los propios parlamentos o desde los organismos internacionales a través de directivas vinculantes de «obligado cumplimento» para los países firmantes.

Los *Women's Studies* comienzan a aparecer en las Universidades con **apoyo y financiación de fundaciones vinculadas a grandes *lobbies* de poder** o directamente a familias muy poderosas ligadas a ellos. La infiltración en Universidades y «Colleges» femeninos, donde se empiezan a impartir

---

55 Informe Kissinger disponible en español y original.
https://docs.planoexistencial.com/pdf/informe-kissinger-completo.pdf
http://es.catholic.net/catholic_db/archivosWord_db/plan_kissinger.pdf

cursos de redefinición del género como la construcción social de la sexualidad y, según se va consolidando una bibliografía del corpus doctrinal, se hacen obligatorios en los programas de estudios femeninos diversos textos como los ya analizados, **consigue que las teorías feministas y de género tengan una gran expansión en el mundo cultural y universitario**.

Los *Women's Studies* buscan también convertirse en **focos de investigación y debate académico, de producción intelectual y difusión de gran alcance**. De ahí van a surgir activistas que van a aportar nuevas visiones cada vez más radicales en el feminismo y la teoría *queer*, creando ese entramado que se conoce como *ideología de género*.

A esta función de divulgación, investigación y desarrollo de las teorías, y creación de una **imagen solvente intelectualmente,** se une la **toma de organismos internacionales y órganos de decisión**, pues también sirven para preparar activistas que formen grupos de presión dentro de las instituciones a las que acceden por su respetable imagen de cultura que proviene de la Universidad. Desde esos puestos promueven **reformas legales** que consolidan estos postulados, sus reivindicaciones y sus mencionadas consecuencias.

Otro objetivo sería **aportar estudios y trabajos de investigación** que vayan formando una pirámide de conocimientos feministas, de género y *queer*, con referencias y fuentes en otros anteriores, de forma que cada vez sea más complicado derribar esa estructura de pensamiento basada en unas falsedades acientíficas y, muy a menudo, en **estadísticas y datos falsos** que también **utilizan los gobiernos para legislar o tomar decisiones políticas** de alto calado. Si no es un plan organizado y con poderosa ayuda externa, lo parece.

A estos *Women's Studies* seguirán después, con iguales objetivos y resultados, los «Gender's Studies» y más adelante los «*Gay and Lesbian's o LGBT's Studies*», y los «Queer's Studies», conformando todo el entramado argumental de la ideología de género.

Todo este cambio de paradigmas sociales y culturales y de esquemas de pensamiento, toda esta toma de los organismos internacionales, y el viraje de la ONU y sus agencias a favor de la ideología de género, las reivindicaciones del feminismo y del lobby LGTBI, los desarrollan tanto **Marguerite A. Peeters** (1963)[56] como **Gabriele Kuby** (1944)[57] en sus interesantes ensayos.

Y este mismo papel desempeñan los estudios que hace tiempo llegaron a España en forma de *Grados y Másteres de Género* y de *Estudios Feministas y de Género* que se imparten desde diversas cátedras de alto contenido ideológico y nula garantía científica. Estas titulaciones se han establecido con fuertes subvenciones y por motivos políticos, que no por demanda social. En la Universidad Rey Juan Carlos, se suprimió un Grado de «Igualdad de género» en 2014 por la falta de alumnado y su poca rentabilidad[58], que impedía que fuera viable. Sin embargo, con cifras de cuarenta y tres alumnos en la suma total de los cuatro cursos, los ideólogos de género se atreven a asegurar que hay en la supresión motivos ideológicos y no económicos. El citado título contaba con seis profesores, todos doctores y catedráticos. La nota de corte para acceder era de cinco, pero el nivel de superación de los créditos era del 94,5%. Esto significa que tenían acceso hasta los estudiantes más mediocres y que estos aprobaban con absoluta facilidad. Todo lo contrario que sucede en los estudios de Medicina o Ingeniería, donde la nota de corte es muy alta y el nivel de sus-

56 Peeters, Marguerite A. *Marion-ética*. Ediciones Rialp. Madrid, 2011

57 Kuby, Gabriele. *La Revolución Sexual Global. La destrucción de la libertad en nombre de la libertad*. Editorial Didaskalos. Madrid, 2017

58 URJC, grado de «Igualdad de género» suprimido en 2014 https://www.eldiario.es/sociedad/igualdad-genero-extingue-universidad-espanola_1_4997316.html

pensos a lo largo de la carrera, también, lo que determina un alto grado de exigencia.

Y, además, en el BOE aparecen numerosos fondos dedicados a subvencionar estudios de género de posgrado. Como muestra se aportan algunos datos que ilustren el tipo de materias y su enfoque que se estudian en estos grados o posgrados, que de todo hay.

La Universidad Rey Juan Carlos imparte los Másteres «Género y Salud» y «Estudios Interdisciplinares de Género» con asignaturas como «Práctica clínica basada en la evidencia en género y salud», «Género y desigualdad social» o «Análisis de la perspectiva de género en salud».

En el Máster en «Estudios Interdisciplinares de Género» de la Universidad Autónoma de Madrid encontramos materias como «El género como principio de organización social», «Una historia no androcéntrica», «Violencia de género y sociedad patriarcal» y «Feminismo: teoría y práctica».

La Universidad de Sevilla presentaba en 2016 en su Grado de «Género y Salud», perteneciente a Enfermería, estos temas: «Construcción cultural y desigualdad», «El amor romántico y su influencia en la desigualdad», «Los estereotipos y la socialización asimétrica» o «Sexualidad y el mito de la maternidad».

Los Grados de Género de otras Universidades españolas presentan asignaturas tales como: «Historia de las ideas políticas y económicas desde la perspectiva de género», «Desigualdad económica y feminización de la pobreza», «Historia y feminismo y construcción de la identidad de género», «Teoría feminista contemporánea» o «Distancia de género y técnicas de medición de la igualdad». La pobreza es femenina y las «mediciones de la igualdad» se hacen desde el género, así que ya se pueden imaginar, con ese baremo, qué resultados se obtienen. Lo mínimo que se puede decir de todas esas asignaturas y temarios, así como de los anteriores, es que no parecen ni ecuánimes, ni imparciales, ni científicos. Pero están avalados por los organismos universitarios y políticos correspondientes.

Naturalmente, si se implantan por intereses ideológicos estos estudios, sus graduados deben encontrar trabajo y, para eso, el feminismo institucionalizado está volcado en crear la obligatoriedad de que todo tipo de actividad presente su correspondiente «informe de impacto de género» o su análisis desde la perspectiva de género, como en el caso del soterramiento de la M-30 y otras actuaciones urbanísticas del Ayuntamiento de Madrid por las que se pagaron más de 350 000 euros de dinero público[59].

Estos informes se exigen cada vez con más frecuencia, y no solo en organismos públicos. Por otro lado, las plazas de «expertos en género» y «expertos en igualdad» en diversas áreas se van incrementando exponencialmente en el sector público y empiezan a exigirse en grandes empresas privadas. También encuentran trabajo en la impartición de los muy diversos cursos de género aplicados a los distintos ámbitos según van obligando las distintas leyes de género e igualdad, lo que además garantiza la ideologización de los distintos colectivos.

La última hazaña de esta imposición del feminismo institucionalizado ha sido la exclusión de varios aspirantes a las pruebas de especialización para jueces del ámbito de lo contencioso administrativo por no tener los correspondientes cursos de género[60].

---

59 INFORMES DE IMPACTO DE GÉNERO
http://www.despiertainfo.com/2018/01/13/podemos-ve-impacto-de-genero-en-el-soterramiento-de-la-m30/
https://okdiario.com/espana/carmena-pago-52-000-informe-fantasma-sobre-impacto-genero-m-30-que-no-aparece-415509

60 Cursos de género a Jueces y eliminación de los que no los hacen
https://www.outono.net/elentir/2020/08/25/adoctrinamiento-el-cgpj-discrimina-a-jueces-por-no-dar-cursos-de-perspectiva-de-genero/
https://elderecho.com/curso-formacion-obligatoria-del-cgpj-perspectiva-genero
https://www.elplural.com/sociedad/tribunales/el-cgpj-pone-en-marcha-un-curso-de-perspectiva-de-genero-obligatorio-para-los-jueces_212314102

Y lo peor es que estos estudios ya empiezan a impartirse en las aulas de los menores por medio de leyes que lo imponen. Y no solo de forma transversal a través de «morcillas» en todas las asignaturas, sino como una materia específica. Es el caso de la asignatura de segundo de ESO en Andalucía llamada *Cambios sociales y relaciones de género*[61], donde se estudia el sistema sexo-género, el patriarcado, el androcentrismo, y se inocula el victimismo, la sororidad, el deseo de revancha, la lucha social marxista aplicada a los sexos y mucho de lo que ya han leído en las teorías de las feministas marxistas.

Pero la institucionalización del feminismo no termina en esto. Sobre la toma de los grandes organismos internacionales, **Dale O´Leary** (1941)[62] narra su visión:

> *«Debido a que esa revolucionaria ideología no logró la adhesión popular, las feministas radicales empezaron a poner sus miras en instituciones tales como las universidades, los organismos estatales y las Naciones Unidas. Así empezó la larga marcha a través de las diversas instituciones. En las Naciones Unidas encontraron poca oposición. Los burócratas que llevan la gestión diaria suelen tener simpatía por los objetivos feministas cuando no son activistas directos. (...) Ni qué decir tiene que las organizaciones feministas radicales han logrado imponer su programa con gran eficacia en la Sede de las Naciones Unidas de Nueva York y en diversas conferencias de las Naciones Unidas en todo el mundo. (...) Por ejemplo, las feministas radicales controlaron la Conferencia de la Mujer de las Naciones Unidas celebrada en Beijing en 1995».*

61 Disponible en http://www.juntadeandalucia.es/averroes/centros-tic/11008525/helvia/sitio/upload/PROGRAMACION_CAMBIOS_SOCIALES_Y_RELACIONES_DE_GENERO.pdf

62 O´Leary, Dale. *The gender agenda «redefining equality»*. Ed. Vital Issues Pr. 1997

En 1975, en la conferencia de Naciones Unidas sobre la mujer de México, y con el mundo entero a favor de la igualdad en derechos y dignidad de hombres y mujeres gracias al prestigio del feminismo originario, las feministas *de género*, de visión marxista y con el género como bandera, aunque todavía minoritarias, irrumpen con exigencias que no pueden contrarrestarse por diversas razones: un clima favorable, desde una sociedad autoculpabilizada como opresora, a cuantas acciones propongan las mujeres para su liberación y emancipación, por muy descabelladas que sean; las ayudas ocultas de los grupos interesados, como dijimos, muchos y poderosos (neomalthusainos, servicios secretos de países con objetivos diversos, poderosos grupos mundialistas, grandes multinacionales de servicios abortistas y anticonceptivos...), el no existir un corpus ideológico organizado contra esas nuevas ideas, y el desconocimiento de las consecuencias que esos planteamientos pueden producir en las mujeres reales y la sociedad por parte de los que hubieran podido frenar este asalto a los organismos internacionales.

En 1979 la ONU crea el CEDAW (Committee on the Elimination of Discrimination Against Women), movimiento o grupo de liberación femenina dentro de este organismo para la eliminación de toda forma de discriminación contra la mujer. Recibido, como cualquier movimiento que se hubiera presentado a favor de la igualdad, con abierta simpatía, sin embargo, la idea de que «discriminación» es «*toda acción, política o práctica que influya de forma diferente en las mujeres que en los hombres*», empieza a derivar en la demonización de cuanto, por sentido común, ha de ser diferente. En los cinco años siguientes se sumaron a esta convención, ratificando sus acuerdos, más de ochenta países.

A lo largo de los años ochenta y noventa del pasado siglo, las ideólogas que hemos conocido de este feminismo *de género,* en su inmensa mayoría lesbianas, fueron radicalizando la ideología y disociándose definitivamente de la biología femenina.

Paralelamente, esta visión de la liberación de la mujer, ya arraigada en numerosas Universidades de corte femenino y amparada por el prestigio universitario, se proyecta al resto del mundo a través de los ámbitos culturales. La visión de la sexualidad humana como lucha de clases y *polimorfamente perversa natural*, y la familia biológica como objetivo a destruir, se convierten en doctrina de obligada lectura en los estudios sobre la mujer.

En este contexto se produce otro hito de éxito para la implantación de la ideología de género: la Asamblea de Naciones Unidas en Nairobi (1985) para analizar la «Década de la Mujer», iniciada en 1975, donde la inmensa mayoría de las representantes de las mujeres eran defensoras de la ideología de género y sus planteamientos respecto a la mejora de la situación de la mujer. Como, evidentemente, las diferencias entre hombres y mujeres van asociadas al sexo, *discriminación es cualquier distinción hecha sobre la base del sexo, que tenga el efecto o propósito de desmejorar o anular el goce o su ejercicio por parte de la mujer, sin importar su estado marital, sobre la base de igualdad entre hombre y mujer, sobre derechos humanos y libertades fundamentales en el campo político, económico, social, cultural, civil o cualquier otro.*

Obviamente, las consecuencias del sexo son diferentes para hombres y mujeres y, por ello, el sexo es discriminatorio por sí mismo. En cambio, el género, es decir, la construcción social que de nuestra sexualidad hagamos, deslindada de la realidad biológica, es totalmente antidiscriminatorio. Sin embargo, las diferencias biológicas, aunque se nieguen, existen y siguen existiendo para desgracia de los ideólogos de género. Es entonces cuando la libertad de las mujeres se asocia, de forma interesada, a su *salud sexual y reproductiva*, a la desaparición de «consecuencias indeseadas y discriminatorias» de la biología, las reivindicaciones feministas por excelencia, sin plantearse los posibles perjuicios para la salud de la mujer que puedan acarrear.

Cabe preguntarse hasta qué punto la cuota a pagar por una liberación sexual al margen de la biología, liberación en muchos casos impuesta socialmente y a través de instituciones «defensoras de los derechos de la mujer» y publicitada por los medios, está siendo un precio excesivo para la propia mujer a la que se dice beneficiar. Muchas mujeres empezamos a pensar si vale la pena pagar tan alta tasa de nuestra propia salud por una libertad tan circunscrita a un ámbito: el sexo. Y comenzamos a preguntarnos: «si a nosotras no nos beneficia y se continúa por la misma senda, ¿a quién beneficia?»

Con una creciente mayoría de representantes partidarios de estas teorías en la ONU y de la multinacional del aborto International Planned Parenthood (IPPF) diseñando los programas de «salud sexual y reproductiva» de la mujer, teóricamente buscando el beneficio de la mujer pero, en la práctica, embolsándose increíbles cantidades de dinero por ello, la deriva *de género* se empieza a imponer al mundo mediante diversos tratados que obligan a los países firmantes.

Los siguientes hitos que nos han llevado a la imposición de tales teorías son las Conferencias de Naciones Unidas sobre Derechos Humanos de Viena (1993), de Población de El Cairo (1994) y sobre la Mujer de Pekín (1995), cumbre amparada por la ONU de especial importancia en la implantación de la ideología de género que en muchos documentos aparece mencionada como Cumbre de Beijing. Los Derechos Humanos comenzaban a mezclarse con el derecho sexual y reproductivo de las mujeres, y las cumbres de población priorizaban tales derechos por la sencilla razón de que eran bombas de reducción poblacional. Toda la maquinaria de la ONU apoyando el feminismo, la ideología de género y, posteriormente, los derechos de las personas LGTBI o teorías *queer* por una sola razón explicable: todas las propuestas de estas ideologías eran la implantación de los métodos malthusianos que el propio Malthus, por su época y su corriente religiosa, consideraba «poco morales».

Y es que, efectivamente, en el siguiente hito de la *desfeminización* de la mujer aparece con luz propia la IV Conferencia Mundial de las Naciones Unidas sobre la Mujer, celebrada en Pekín (septiembre 1995), en la que se instauró el uso de la palabra «género» como el rol social que en nada tiene que ver con el sexo al que se pertenece y que viene asignado por la educación que se recibe, y en la cual se obtuvo el compromiso de los países participantes a establecer todas sus políticas sociales bajo la *perspectiva de género* (forma de llamar a esta ideología que busca eximirla del componente adoctrinador). En esta Conferencia participa por primera vez, como tal, la Unión Europea que, como la propia ONU, ya está completamente copada por defensoras de esta ideología de género. Con España presidiendo la UE, la exministra del PSOE de Asuntos Sociales, Cristina Alberdi, actuó como portavoz de este organismo.

Previamente se había celebrado, en febrero de ese mismo año, una conferencia preparatoria en el Consejo Europeo llamada *Equality and Democracy: utopia or challenge?*[63] donde se sintetiza la degradación de la mujer real considerándola un estereotipo nefasto: *No debe subestimarse la influencia psicológica negativa de mostrar estereotipos femeninos.* De igual forma, se inicia la demonización institucional global del varón, al que se convierte en causante de todos los males y se le culpabiliza de ser lo que es a causa de su biología y rol biológico. También ahí aparecen los gérmenes de la manipulación educativa para tratar de imponer a los menores esta visión más que discutible de la naturaleza humana. La presidenta de Islandia, Vigdis Finnbogadottir, en su intervención afirmaba que:

> *«La educación es una estrategia importante para cambiar los prejuicios sobre los roles del hombre y la mujer en la sociedad. La perspectiva de género debe*

63 *Equality and Democracy: Utopia or Challege?* Conferencia celebrada en Estrasburgo, Palais del, Europe del 9 al 11 de febrero de 1995

integrarse en los programas. Deben eliminarse los estereotipos en los textos escolares y concienciar a los maestros en este sentido para asegurar así que niñas y niños hagan una selección profesional informada y no basada en tradiciones prejuiciadas sobre el género[64]*».*

Esta afirmación, que pudo resultar razonable en aquel momento, pues parecía dirigida a una mayor libertad de la elección profesional de los niños y adolescentes, vista en la perspectiva de lo sucedido posteriormente, resulta de una gravedad indignante. En primer lugar, da por única y verdadera la controvertida visión que sobre la naturaleza humana presenta el feminismo. En segundo lugar, abre la posibilidad de que, a través de los maestros se ideologice a los alumnos y este adoctrinamiento se vea como beneficioso. En tercer lugar, y por lo vivido posteriormente, la desaparición de «estereotipos de género» abre la puerta a la denigración de la mujer tradicional inculcando ideas de rechazo ante el arquetipo de esposa y madre, despreciando cuanto de beneficioso han realizado millones de mujeres a lo largo de los siglos y a la discriminación de los varones en numerosas actividades.

En la Conferencia de Pekín[65], copada por partidarios de la ideología de género y muy permeable a sus planteamientos, participaron diversas mujeres profesoras universitarias o activistas de izquierdas muy politizadas, como la canadiense **Rebecca J. Cook**, quien dice que el sexo es una construcción social que debería ser abolida y que debería hablarse de cinco sexos, hombres y mujeres heterosexuales, hombres y mujeres homosexuales, y bisexuales; o la feminista y activista de izquierdas **Bella Abzug,** que explicó lo que era el género, diferenciándolo de la

64 Vigdis Finnbogadottir en su intervención en *Equality and Democracy: Utopia or Challege?* Conferencia celebrada En Estrasburgo, Palais del Europe del 9 al 11 de febrero de 1995

65 Toda la información y las intervenciones: https://www.un.org/womenwatch/daw/beijing/fwcw.htm

palabra sexo para expresar la realidad de que la situación y los roles de la mujer y el hombre son construcciones sociales sujetas a cambio. De hecho, ante el cuestionamiento del término «género», asoció su rechazo a la degradación de la mujer, su lucha y sus logros.

La idea que se quería transmitir, aceptada y alentada por la ONU, era que no existía un hombre natural o una mujer natural y todo, incluso el deseo sexual, era fruto de la educación y de la imposición social.

Una vez unida la idea de «género» a las legítimas reivindicaciones de las mujeres, y asociada la crítica al género con la degradación de la mujer y el bloqueo de su futuro, se produce «la paradoja del traje nuevo del emperador», consistente en que, pese a que pueden surgir dudas razonables sobre si esas políticas son adecuadas, nadie se atreve a cuestionarlo por miedo a ser acusado de «los nuevos pecados»: machista, enemigo de las mujeres, carca… y finalmente homófobo..., pues la implicación entre género y homosexualidad en 1995 en Pekín es ya tan estrecha que se propone la promoción de las reivindicaciones del colectivo LGTB dejando a un lado la mujer.

De hecho, la Comisión de Derechos Humanos de Gays y Lesbianas exigió el reconocimiento del derecho a determinar su identidad sexual. Era lógico que los intereses de estas feministas *de género* y los lobbies homosexualistas se terminaran encontrando, puesto que el feminismo, en ese momento, había abandonado completamente el interés por mejorar la situación de la mujer y buscaba la eliminación de la alteridad sexual biológica, ya que los hombres no gozarían del privilegio masculino si no hubiera hombres. Y las mujeres no serían oprimidas si no existiera la mujer como tal. La Conferencia de Yogyakarta en 2006, es la que instaura y oficializa finalmente los derechos específicos de las personas LGTBI.

Porque a partir de la Conferencia de Pekín, el desembarco en todos los ámbitos de esta ideología ha sido un paseo triunfal por un mundo engañado, desprevenido o sin capacidad de defenderse. Desde la ONU se ha exigido a los países compromisarios que impongan la *perspectiva de género* en sus políticas y el género invade desde las series televisivas a la educación de los menores, desde las políticas sociales a los documentos de las más variadas organizaciones.

Los partidos políticos se han volcado en la implantación de lo que se ha llamado «Agenda del Género» y que para el PSOE es la Agenda del Poder. Con ocasión del foro de revisión de los diez años de la Conferencia de Pekín, en 2005, el Instituto de la Mujer, es decir, el poderoso feminismo del PSOE trabajó sobre sus estrategias[66] que desde entonces y hasta hoy vertebran las políticas de este partido: La ciudadanía del XXI, las leyes de igualdad, la democracia feminista, la participación de las mujeres en el poder y la vida pública a través de la paridad… Entre las participantes se encontraban las feministas Celia Amorós, Amelia Valcárcel o Alicia Miyares junto a destacadas políticas feministas socialistas en el gobierno como Mª. Teresa Fernández de la Vega, Carme Chacón o Leire Pajín.

Otro hito que destacar, aunque hay otras agencias de la ONU dedicadas a la mujer, será la creación en 2010 de ONU Mujeres, organismo en el que la exministra del PSOE Bibiana Aído ha sido asesora desde 2011 y delegada en Ecuador desde 2017. Porque, en este camino de entronización del feminismo y el género como doctrina oficial e institucional, a los grandes poderes mundialistas se han unido los partidos de izquierda de casi todos los países, ya que se ha convertido en una forma de obtener poder, fondos públicos y puestos de trabajo que, en situación normal, serían inasequibles para sus seguidores.

Y no solo el feminismo ha sido amparado por los grandes organismos mundiales, sino que hay un evidente entra-

66 Trillo Figueroa, Jesús. *Una revolución silenciosa: La política sexual del feminismo socialista*. Ed. Libros libres. 2007. Las conferencias se encuentran en la Web del Instituto de la Mujer en el Foro de Pekin +10

mado de puertas giratorias entre la ONU y sus diversas agencias, organizaciones y fundaciones, los grandes donantes de fondos y receptores de campañas oficiales previo pago de su importe como la multinacional abortista IPPF y los gobiernos de diferentes países que ponen en evidencia la relación entre todos ellos y que la institucionalización del feminismo es un hecho consumado. Michelle Bachelet, expresidente de Chile, exdirectora ejecutiva de ONU Mujeres y actualmente Alta Comisionada de la ONU para los Derechos Humanos, es uno de los muchos ejemplos. Por eso, resulta asombroso que aún haya gente creyendo que está haciendo la revolución y no se dé cuenta de que está ayudando a la destrucción social, a la destrucción institucional mediante la corrupción de las instituciones y a la destrucción económica mediante la redirección de fondos a políticas de género que enriquecen a determinados *lobbies* y sirven para pagar las nóminas de sus redes clientelares. Redes de activistas que mueven las ruedas de este carro y defienden, porque es su puesto de trabajo, su manutención e incluso, a veces, su lucha por la justicia, equivocada pero en la que creen.

En España, el feminismo, la ideología de género, ha promulgado diversas leyes y a través de ello ha conseguido permeabilizar todos los ámbitos, desde el poder judicial, como hemos visto, a las aulas de los niños, de la Universidad al urbanismo. Con un PSOE cuya lucha social se fundamenta en los postulados del feminismo marxista; un Podemos con el poderoso lobby de feministas *queer* como eje vertebral de sus políticas (su propio nombre «Unidas Podemos» lo señala); un Ciudadanos que tiene que hacerse perdonar sus derivas a la derecha con un feminismo beligerante y que aguanta el desprecio y la expulsión[67] de las fiestas del feminismo marxista por la posibilidad

67 https://www.ultimahora.es/noticias/nacional/2019/03/07/1063239/ciudadanos-estara-manifestacion-por-dia-mujer-aunque-guste-manifiesto.html
https://www.europapress.es/epsocial/igualdad/noticia-ciudadanos-abandona-marcha-8m-empujones-momentos-tension-20200308183746.html

de purgar su crimen de origen liberal; con un Partido Popular que ha comprado por diversos intereses toda la agenda feminista, que como gobierno la afianza y como oposición la apoya; incluso con un Ministerio de Igualdad de nombre claramente orwelliano, ya que se dedica a crear desigualdades en aras de una «igualdad real», el feminismo está completamente institucionalizado. Por miedo, por quitarse estigmas, por intereses en el pastel, por estupidez, por desconocimiento... que cada partido asuma su responsabilidad en la sociedad que estamos dejando a nuestros hijos. Porque cada una de las consecuencias de las teorías de las diversas feministas que se han ido desgranando, las estamos viendo aplicadas en nuestras vidas.

Una manifestación, la del 8M, para reivindicar derechos de las mujeres con el gobierno en pleno en las pancartas, debería dar qué pensar a las niñas incautas que creen estar haciendo la revolución por lo extraño de una revolución hecha desde arriba. Y porque las reivindicaciones que se exigen al gobierno las pide el propio gobierno en la pancarta de cabecera.

Y debería dar qué pensar a las asistentes bienintencionadas, ajenas al negocio del género y ajenas a la realidad de la agenda del feminismo y a su enorme poder, si tuvieran la precaución de leerse los manifiestos[68] y las razones por las que se supone que se hace la marcha. Y deberían pensar y preocuparse, porque esas ministras y políticas tienen la capacidad de aplicar las reivindicaciones del manifiesto. Y están dispuestas a hacerlo ya que con su asistencia al acto firman y ratifican su acuerdo con el mismo.

Un acto con un manifiesto lleno de reivindicaciones de la ultraizquierda y los feminismos radical, *queer* e interseccional

68 Manifiestos feministas del 8M 2020, 2019 y 2018
https://tribunafeminista.elplural.com/2020/03/manifiesto-por-los-derechos-de-las-mujeres/
https://hacialahuelgafeminista.org/wp-content/uploads/2019/03/Manifiesto-8M-2019.pdf
https://hacialahuelgafeminista.org/manifiesto-8m/

pidiendo la criminalización del varón y exigiendo derechos ya adquiridos. Manifiesto en el que, ni caben todas, ni incluye a todas ni mira por los intereses de todas. Entre otras cosas porque las mujeres no somos un colectivo homogéneo.

Para terminar, habría que señalar en esta revolución impuesta, todas las películas de cine, series, programas…, en los que se aplica el feminismo. Hace años era algo más discreto, con un reparto con cuotas y unas protagonistas femeninas con roles tradicionalmente masculinos que curiosamente realizaban mejor que los varones del *filme*. Ahora son tan zafiamente adoctrinadoras que, en muchas ocasiones, están alejando al público. Ojalá las pérdidas económicas llevaran a las productoras a una vuelta al origen y volvieran al entretenimiento o incluso a la reflexión o la reconstrucción histórica honesta, y dejaran de expandir la ideología más estúpida y nefasta de la historia de la humanidad en su variante más descabellada.

Con apoyos poderosos desde su origen, con dinero en grandes cantidades, con las Universidades, los organismos internacionales, los gobiernos infiltrados, con las nuevas generaciones inoculadas con esta ideología tras la toma de las aulas, con los medios de comunicación a favor, con legislaciones que imponen sus postulados y persiguen al disidente, con ministerios dedicados a la implantación de esta ideología y con los medios de comunicación entregados a su expansión y al linchamiento del que la objeta, con un montón de gente viviendo de todo este entramado económico-político-social dispuesta a todo por mantener el *statu quo*, con una implacable persecución del disidente… ¿Todavía alguien duda de que el feminismo es la revolución institucionalizada y que toda revolución que viene de arriba solo puede traer ventajas a los de arriba en forma de recortes de derechos de los de abajo?

La pregunta que todos nos hacemos es: ¿cómo deshacemos este nudo que nos ahoga y nos está llevando a la destrucción social y a la ruina económica?

6. FEMINISMO DISIDENTE: EL LENTO RETORNO AL SENTIDO COMÚN

El feminismo marxista y el feminismo *queer*, las que luchan contra el patriarcado, el heteropatriarcado y el cisheteropatriarcado, cuyas respectivas teorías tienen mucho de profecía autocumplida, visión mágica, manipulación de la realidad, victimización, culpabilización y locura colectiva, se han encontrado con la crítica interna, aparte de los que, desde fuera, nunca hemos aceptado este movimiento ideológico precisamente por su construcción doctrinal irracional y sin ratificación de la realidad.

Las luchadoras contra el patriarcado se han visto cuestionadas por un grupo de disidentes cuyos argumentos son implacables. Y si algo hace poderoso y odioso a estos movimientos de discrepancia, es su origen interno: las feministas no pueden acusarlas de ser mujeres esclavas del patriarcado o del heteropatriarcado, o ignorantes que desconocen las magníficas teorías de las diversas corrientes del feminismo y sus interpretaciones creativas de la realidad a través de esas «gafas violeta» que tanto ayudan a descubrir lo invisible. Tampoco son hombres opresores tratando de ocultar con mentiras las verdades sobre su injusto sistema de clases sexuales: el patriarcado. No. Son mujeres que han sido feministas, que conocen y critican esa ideología con argumentos y, aunque semejantes a otras críticas externas, son más letales por ser proyectiles lanzados desde dentro del castillo. Y afrontan mejor el miedo a ser políticamente incorrectas que paraliza al resto de los ciudadanos, ya que el feminismo es cada vez más violento, tiene más fuerza y actúa con menos escrúpulos destruyendo reputaciones y famas. Y también porque su biografía desactiva las acusaciones que se utilizan para ello y su conocimiento del tema les hace ser difícilmente ridiculizadas o rebatidas.

La deriva antivarones que supuso la radicalización del feminismo de raíz marxista con la lucha de sexos y la opresión de la mujer convertida en explicación del funcionamiento de la sociedad, hizo que algunas feministas vieran irracional y desproporcionado ese pensamiento y consideraran innecesario que la liberación de la mujer implicara la criminalización del varón.

Estas mujeres rechazaron el sistema establecido por la ideología feminista y acusaron al feminismo de haber victimizado a la mujer, de manipular los hechos, las cifras de violencia y la interpretación de la realidad buscando un relato que cuadrara con sus planteamientos hasta perder el rigor científico, la objetividad y la razón. Ellas mismas detectaban y se veían causantes y sufridoras de un estado de odio e intransigencia. Un estado de crispación que había terminado creando una censura feroz de todo pensamiento o discurso que no ratificara ese entramado de falsedades que era y es la doctrina feminista.

Las disidentes denunciaban esa guerra de sexos en la que se concibe al varón como el opresor de la mujer, el agresor, el violentador, y a la mujer como víctima, generando, con esta visión maniquea e interesada, rencor y miedo irracional en las mujeres y que los hombres se sientan desorientados, injustamente tratados y culpables. Señalaban que existía una profecía autocumplida a base de forzar la máquina en una dirección hasta terminar obteniendo, de la guerra unilateral de las mujeres hacia los hombres, una sociedad enfrentada. Incluso cuestionaron los conceptos base del feminismo marxista: el patriarcado, la opresión masculina, la violencia de género…, consideraron que el feminismo había perdido legitimidad y contacto con la mujer real que huye de encasillarse como feminista y siente el feminismo como la verdadera opresión, y no al varón, ni a la sociedad patriarcal.

Las feministas marxistas y de género se han visto, posteriormente, en la obligación de ser disidencia del feminismo *queer*, del feminismo que lucha contra el heteropatriarcado y el cisheteropatriarcado por la simple razón de que, si no hay hombres y mujeres naturales, si la mujer es una construcción social y se puede eludir tal cosa, si cualquiera puede autopercibirse mujer, la lucha feminista carece de sentido y de razón. Y se han encontrado con las consecuencias de ese estado de odio y crispación, de censura e intransigencia que habían contribuido a crear, aplicado a sus movimientos, opiniones y grupos. Algunos lo llamarían justicia poética.

Pero, el que haya un feminismo LGTBI y *queer* más agresivo e irracional que el marxista de género, no debe hacernos olvidar todo lo negativo en violencia, persecución del disidente, criminalización de varones heterosexuales, falta de debate y acientifismo que ambos grupos comparten. Y una defensa del aborto de la que participa también el feminismo disidente de corte libertario, siempre basándose en un hipotético derecho de la mujer que olvida los derechos reales de un tercero.

Este capítulo también va a abordar los resultados del feminismo constatando los problemas que presentan todas estas teorías, tanto en las relaciones entre personas, en el deporte femenino, en la educación de los más jóvenes, en las leyes, en el dinero público…, a través de la visión y las acusaciones de las corrientes disidentes.

DEVOLVER AL HOMBRE LA DIGNIDAD Y LA IGUALDAD

Este feminismo disidente que eclosiona en los años noventa y que, frente al marxista y de género, busca la igualdad y reconoce la realidad y las diferencias, viene iniciado y representado por dos estadounidenses: Camile Paglia y Cristina Hoff Sommers. Naturalmente que criticar esta ideología ha supuesto para las disidentes la persecución y el rechazo de las feministas americanas, un movimiento que no soporta la crítica y que es incapaz de cuestionarse sus propias conclusiones pese a estar demostrado que se basan en investigaciones carentes de objetividad y rigor. Por otro lado, el acercarse en muchas ocasiones a la visión de la mayoría de las mujeres que han dejado de identificarse con el feminismo, y la imagen de rebeldía que proporciona estar en la disidencia, les ha dado visibilidad y fama.

En esencia, esta corriente rechaza la visión del hombre como maltratador congénito y la discutible violencia de género, y se enfrenta a la visión victimista del feminismo, donde la mujer es un ser vulnerable, siempre en peligro y sometida por el hombre, y este un agresor en potencia, un ser violento que mantiene oprimida a la mujer en el ámbito público y privado.

Frente a un feminismo marxista que cree que es el sistema patriarcal el que modela al hombre como agresor desde una naturaleza que inicialmente sería como la de la mujer, la disidencia considera que es la sociedad la que modela con educación y valores los impulsos agresivos del varón, ya que las sociedades no justifican la agresión ni a las mujeres ni a nadie, sino que la condenan.

Denuncian el giro ginecéntrico y el resentimiento androfóbico. El odio que surge de esa idea de opresión que culpa a los hombres de forma colectiva, convirtiendo los crímenes de una ínfima minoría en responsabilidad de todos, la acción individual como fruto de su condición masculina de la que se les hace responsables colectivos. Un doble despropósito culparles de su condición natural y de un delito genético común.

Se niegan a creer en el mito de un mundo matriarcal primigenio, no aceptan el ensalzamiento de mujeres solo por serlo, al margen de su mayor o menor talento, y señalan cómo los estudios sobre violencia nunca son analizados, sino que se aceptan porque ratifican las teorías feministas. Podría describirse como un feminismo de corte libertario cuyo comienzo como corriente puede marcarse en 1990 con la aparición del libro *Sexual Personae: Art and decadence from Nefertiti to Emily Dickinson*[69] de **Camille Anna Paglia** (1947). El libro critica el feminismo desde los conocimientos del arte y la literatura occidental de la autora, profesora de humanidades en la Philadelphia University Arts, feminista, lesbiana y a la que su personalidad provocadora y transgresora le ayuda a afrontar con fuerza los insultos, las difamaciones y otras simpáticas amenazas de esas feministas llenas de sororidad y *te-creo-hermana... hasta que me llevas la contraria.* De hecho, como no soportan la crítica desde sus propias filas, la circunscriben en la derecha más conservadora como «deshumanización» última y explicación de su disidencia, pese a ser votante del partido demócrata, lesbiana y partidaria del aborto, la pornografía y la prostitución desde una perspectiva libertaria y de derecho a la decisión y la autonomía personal por elección de las personas adultas.

Sexual Personae es un ensayo filosófico en el que se contrasta lo dionisíaco y lo apolíneo, la anarquía y la fuerza oscura frente al domino de las artes o las ciencias. Lo sexual aflora de la naturaleza y choca con nuestra parte social, de forma que la sexualidad humana surge del contacto de la naturaleza y la cultura. Y choca con la visión del feminismo de género que la origina en las normas sociales.

Rechaza las afirmaciones negativas del feminismo sobre la mirada masculina que vuelve pasiva e inerte a la mujer, según la visión de Beauvoir, convirtiéndola en pornografía. Niega la violencia generada contra la mujer por la pornografía que defiende MacKinnon evidenciando la existencia de la industria pornográfica gay, y defiende que la sexualidad y el erotismo

69 Paglia, Camille. *Sexual Personae. Arte y decadencia desde Nefertiti a Emily Dickinson.* Deusto Ediciones. España, 2020

surgen de la intersección entre naturaleza y cultura, frente al feminismo de género que la origina en la sociedad. Niega, también que la identidad sexual sea algo solamente social. Y con su visión de la mujer como más poderosa en la esfera sexual y emocional dionisiaca frente al poder del varón en la esfera social apolínea, contradice a la mujer siempre víctima y dominada. Ella cree que la conquista de la esfera social por las mujeres ha venido llena de regulaciones de lo personal y lo sexual que han estatalizado los aspectos íntimos.

Para Paglia, la revolución sexual supuso la entronización de lo dionisíaco y el instinto sexual frente a la moralidad y se asumía el riesgo de esa elección, en tanto ahora mujeres y gays piden al Estado una protección paternalista que ha devuelto al estadio de mujer hiperprotegida del origen de la lucha. Otra de las tesis que desarrolla es que, si no se comprende correctamente la sexualidad humana, no se pueden analizar los problemas asociados como la violencia. El feminismo, con su negación del componente animal humano y concibiéndolo como una construcción social y negando la desigualdad sexual impuesta por la naturaleza en todos los planos, solo complica las cosas. La igualdad jurídica no resuelve la desigualdad sexual, psicológica y emocional. De hecho, afirma que la naturaleza y no el patriarcado es el agente dominador con su tiranía procreadora que instrumentaliza a hombres y mujeres para perpetuar la especie. Para ella, además, la idea de dominación sexual masculina es una falacia.

Pero el desarrollo de sus teorías se consolida en textos posteriores como *Vamps and Tramps: más allá del feminismo*[70] (1994). Paglia afirma que quiere salvar al feminismo de las propias feministas y defiende la prostitución, la pornografía, cualquier práctica sexual consentida y el aborto. Rechaza la visión feminista sobre el acoso sexual, la violación y su acep-

70 Paglia, Camille. *Vamps & Tramps. Más allá del feminismo*. Editorial Valdemar. Col. Intempestivas. España, 2003

tación de la pedofilia, y rechaza la mujer débil, lloriqueante y atemorizada que promueve el feminismo actual al considerarla adulta, madura, fuerte, capaz de elegir lo que quiere y de responsabilizarse de sus elecciones y decisiones, desde practicar la prostitución, a abortar o tener una relación sexual. No es una engañada por los hombres y su presunta actitud pasiva es parte del cortejo. En esencia, y con todo lo que puede criticarse a Paglia, denota coherencia y respeto por la mujer a la que considera *dominatrix*, al contrario que el feminismo.

Otra figura de esa disidencia es **Cristina Marie Hoff Sommers** (1950), profesora de filosofía de la Universidad de Massachusetts, que irrumpe con su libro *Who stolen feminism? How Women Have Betrayed Women*[71] (¿Quién *robó el feminismo*? *Cómo las mujeres han traicionado a las mujeres*) denunciando de forma documentada el giro del feminismo a la ideología de género. Desvinculado de sus raíces humanistas y liberales, de sus metas iniciales de igualdad entre ambos sexos y de búsqueda conjunta de la justicia y la igualdad, que correspondía a lo que llama feminismo de igualdad (*equal feminism*), el feminismo de género (*gender feminism*) tiene como objetivo luchar contra un supuesto sistema de dominación masculina creando enemistad entre los sexos al defender sus propios intereses, que no son los de las mujeres, e imponiendo una censura feroz contra cualquier disidencia.

Esos intereses se basan en afirmar que las mujeres tienen una forma de ver las cosas diferente a los hombres y que necesitan recursos económicos para realizar investigaciones con enfoque de género (*gender studies, women studies*), espacios propios de estudio (*women's center*) o cursos de especialización, másteres, doctorados, seminarios... También exigen partidas económicas para centros de ayuda y asistencia que solo atienden mujeres. Y lo que en principio parecería positivo, ha terminado

71 Hoff Sommers, Christina. *Who Stole Feminism?: How Women Have Betrayed Women*. Simon & Schuster, New York, 1994

siendo nefasto por las dos situaciones que se están generando desde estos entramados: La primera es la manipulación de datos, estadísticas y estudios sobre la violencia que sufren las mujeres, incrementando falsamente las cifras y creando alarma social con la finalidad de exigir más fondos públicos y justificar su batalla contra el patriarcado; y la segunda es lo que llama los *curriculum transformation*, donde se tratan de variar los planes de estudios tanto universitarios como de materias de primaria y secundaria. Hoff Sommers, con toda razón, considera especialmente preocupante para la comunidad académica esta segunda actividad, por la degradación de los conocimientos.

Hoff Sommers utiliza el concepto platónico de *mentira noble* como la falsedad que es beneficiosa para la comunidad, y achaca al feminismo este concepto con sus falsedades sobre las cifras de violencia, trastornos alimentarios, violaciones o diferencias de salarios, mentiras que las feministas justifican por considerarlas buenas para la causa. Y nos da tres ejemplos demoledores: la afirmación de la feminista **Gloria Steinem** (1934) en su libro *Revolution from within* (1992) acerca de que ciento cincuenta mil mujeres morían al año de anorexia en EE. UU. cuando el número real era setenta; el estudio inexistente que afirmaba que la violencia doméstica producía más defectos de nacimiento que el resto de las causas y, la tercera, que en las finales de la Super Bowl el índice de maltrato llegaba a aumentar un 40%, dato que se hizo público sin base real, ni estudio alguno. También encontró este tipo de bulos en los estudios sobre violencia de género, con la publicación y aceptación de datos falsos, basados en encuestas sesgadas que equiparan la violencia con meras faltas de urbanidad. A esto se unen, como sabemos en el caso de España, donde las cifras de maltrato se ven alteradas de diversas formas, un sinnúmero de denuncias instrumentales para obtener ventajas en el proceso de divorcio, o por mera venganza, o para conseguir prebendas de todo tipo por la condición, no comprobada salvo por su propia declaración, de mujer maltratada. También denuncia que en EE. UU. se da, como en España, la ocultación de la violencia entre parejas LGTBI y la que sufren los hombres por parte de mujeres.

La transformación de los currículos se justifica por el deseo de eliminar estereotipos de género, sexismos lingüísticos y para dar más visibilidad a las mujeres en todos los ámbitos. A partir de esto, denuncia Hoff Sommers, las feministas reescriben la historia, el arte, la ciencia…, transformando la *his storie* masculina en la *her storie* femenina, aunque la historia, en realidad, es la que es. Su opinión es que, puesto que las mujeres no han podido históricamente despuntar en determinadas áreas, lo mejor sería asumirlo y centrarse en el presente en vez de reescribir la historia.

Otra cosa que denuncia es el adoctrinamiento feminista en las universidades femeninas y los *Women's Center*, incidiendo en la pedagogía feminista que cambia la forma de ser de las chicas, convirtiéndolas en personas permanentemente enfadadas y ofendidas que rechazan los códigos morales o religiosos familiares y que se distancian de la familia, que cambian su aspecto e incluso su orientación sexual, describiendo un comportamiento que, aunque lo narra de forma irónica, es idéntico a la captación por una secta. En las redes sociales hay infinidad de estas chicas que, a través de un adoctrinamiento feminista que, a menudo, comienza en las aulas de secundaria, han descubierto la lucha contra el heteropatriarcado y actúan exactamente de esta manera.

Entendamos, y así lo ratifica Hoff Sommers, que el feminismo concibe la enseñanza y la educación como una herramienta del patriarcado, por lo que las feministas se consideran autorizadas y justificadas para actuar de la misma forma de la que acusan al patriarcado. Dentro de esas aulas y cursos, se da la *omertá*, el silencio cómplice, ya que nada de lo explicado debe salir del aula. De igual forma, señala la censura contra los que denuncian todo esto o disienten de sus teorías.

Todas estas cosas podemos verlas ya en España: recuerden la financiación pública de estudios, grados, másteres y cursos feministas o de género, la manipulación de datos de violencia y la alteración de currículos escolares con la inclusión de numerosas «morcillas», de género o feminismo, incluidas en las diversas asignaturas de forma transversal. Y cuando hablamos de estudios feministas o de género no hablamos de un estudio o análisis de esa ideología, como este libro, sino de la inoculación de la ideología misma, cuyas realidades se van creando en datos e investigaciones falseadas. Mantras como la feminización de la pobreza, las *brechas* (salarial, económica, informática, presencia en determinadas carreras de ciencias...) de las mujeres, la opresión del patriarcado, la construcción social del sexo, la violencia estructural de hombres sobre mujeres y otras teorías absolutamente falsas, son aprendidas como verdades incuestionables.

Las cifras falsas de violencia se estudian junto con una historia inventada, con mujeres desconocidas que van suplantando a hombres brillantes en los libros de estudio, e incluso estos son acusados de basar su fama en el robo de la actividad de sus mujeres cercanas, o son censurados por machistas u homófobos, sociedades matriarcales primigenias, creencias que suplantan a la ciencia y la biología... Todo ello es absolutamente indemostrable o, en muchos casos, directamente falso.

Lo más triste es que todos estos despropósitos, tanto en EE. UU. como en España, y supongo que, en el resto de los países, son permitidos, amparados y apoyados por simpatizantes del feminismo clásico que creen, incautos, que estas mujeres siguen la misma senda que las originarias.

De esta misma autora es el libro *La guerra contra los chicos: cómo el feminismo mal entendido está dañando a los chicos jóvenes*[72] donde critica el planteamiento de unos estudios que se

72 Hoff Sommers, Christina. *La guerra contra los chicos: cómo el feminismo mal entendido está dañando a los chicos jóvenes*. Ed. Palabra. Madrid, 2006

llevaron a cabo en los años ochenta y noventa en EE. UU. y que determinaron que las chicas eran discriminadas y silenciadas en un entorno académico de roles masculinizados y que llevó incluso a promulgar una ley, la *Gender Equity in Education Act* (1994) y a una gran inversión de dinero público para resolver tan grave asunto. En su libro demuestra —con estadísticas oficiales y datos— la falsedad de tales conclusiones que, como todas las basadas en la perspectiva de género, están sesgadas y buscan en sus análisis que se ciñan a los resultados previos que pretenden mostrar, en este caso la discriminación femenina.

Hoff Sommers pone en evidencia los mejores resultados académicos de las chicas y las mayores tasas de fracaso escolar de los varones, a los que el sistema educativo perjudica de base y para los que no había ayuda ninguna por el temor de los responsables a ser tachados de machistas. Frente a un pretendido determinismo social que genera hombres dominantes y mujeres sumisas educativamente, propone que se tengan presentes las evidentes diferencias psicobiológicas y se adapte el aprendizaje a estas circunstancias, ya que los varones, y no las chicas, salen peor parados en el rendimiento académico y, si a esto se le añaden las políticas pedagógicas de «reeducación» con las que tratan de igualar ambos sexos, también se ve perjudicada la autoestima. En resumen, que lo que se está haciendo con los chicos desde la perspectiva de género feminista aplicada al aula, es una guerra de eliminación. Incluso plantea, contra todos los mantras progres de la coeducación, que para hacer más cómodas las aulas a ambos sexos puede ser beneficiosa la enseñanza por separado[73].

---

73 Ponencia en el marco del Simposio Internacional «Familia, Educación y Género» en 2005 en la Universidad Internacional de Calatuña. «*Es el momento de reconocer las diferencias entre chicos y chicas y hacer de las clases lugares cómodos para ambos géneros. Necesitamos más profesorado que se comprometa a ayudar a fortalecer a ambos sexos. Y necesitamos más experiencias de colegios no mixtos*».

Otro de los grandes mitos del feminismo, la cultura de la violación, que ha llevado a hacer a la mujer permanentemente irresponsable de sus actos y errores, y al varón un culpable genético sin presunción de inocencia ha sido denunciada y destapada por otra disidente del feminismo que merece nombrarse: **Kathie Roiphe** (1968). A raíz de una presunta escalada de violaciones en su campus, bulo generado por el fomento de la histeria y el miedo de las mujeres respecto al comportamiento masculino, Roiphe escribió *The morning after: sex, fear and feminism on campus*[74] (1994) donde se demostraba que **no había más violaciones, sino que todo se había convertido en violación**: el hecho de que una chica se arrepintiera posteriormente de tener relaciones o que hubiera bebido, convertían en violación las relaciones consentidas. Todo ello infantiliza y hace incapaces a las mujeres, y elude valorar que también los chicos han podido beber y ser irresponsabilizados de sus actos. Incluso descubrió que los chicos eran víctimas de ataques violentos con más frecuencia que las chicas. En este mismo sentido está enfocado el libro de la ensayista conservadora **Heather Mac Donald** (1956) *The diversity delusión. How Race and Gender Pandering Corrupt the University and Undermine Our Culture*[75], donde además de denunciar la cultura de victimización que se ha extendido en los campus por el tema de la raza o el género, la degradación de los estudios y el clima de represión del pensamiento y la discrepancia con los dogmas impuestos por el feminismo y las teorías interseccionales que presuponen una discriminación y opresión endémica en EE. UU. a determinados colectivos, señala el clima de histeria de los campus con la falsa «epidemia de violaciones» donde, con un entramado enorme para atender a todos esos presun-

74 Roiphe, Kathie. *The morning after: sex, fear and feminism on campus.* Little, Brown & Company. Boston, 1993

75 Mac Donald, Heather. T*he diversity delusion. How Race and Gender Pandering Corrupt the University and Undermine Our Culture.* Amazon Publisher. New York, 2018

tos abusos sexuales, en realidad apenas hay denuncias porque, según el texto, la inmensa mayoría de esos casos que aparecen en estudios sesgados son el resultado de la falta de responsabilidad en la ingesta de alcohol y drogas, y las consecuencias de la revolución sexual, donde los jóvenes tienen relaciones sexuales con personas que acaban de conocer, mezclándose el arrepentimiento posterior con una negativa previa que nunca existió.

Cathy Young (1963) es una periodista de origen ruso nacionalizada en EE. UU. que en sus textos critica la discriminación positiva y aboga por algo tan lógico como que lo personal deje de ser político, es decir, **recuperar la intimidad** y que esta no sea legislada. Respecto a la violencia de género, tiene claro que hay que diferenciarla de la violencia doméstica, y que no toda violencia contra la mujer es causada por el sexismo, por lo que hay que delimitar lo que es acoso y lo que es violación, y descolectivizar a las mujeres. Al contrario que el feminismo, cree que no hay que ser promujer, sino proigualdad, sin priorizar los problemas de un sexo sobre los del otro, y reivindica el papel determinante y beneficioso que la educación del padre y de la madre tiene en la personalidad de los hijos. Puro sentido común que la convierte en reaccionaria.

La brasileña **Daphne Patai** (1943), profesora de literatura en la Universidad de Massachusetts, lucha por la libertad de expresión arrebatada por el feminismo censurador, y en su libro *Heterophobia: Sexual Harassment and the Future of Feminism* (1998) acusa a las feministas de odio hacia el sexo masculino, de políticas antivarones y de crear un ambiente de odio que termina traduciendo todo como agresión.

Warren Farrel (1943), fue el defensor del papel de los hombres en el feminismo hasta llegar a formar parte de la poderosa NOW (National Organization for Women), asociación feminista radical a la que pertenecieron feministas de renombre. **Su paso por la militancia radical le hizo cuestionarse muchos de los postulados de esta ideología**, como los estudios y planteamientos sobre violencia, el concepto de patriarcado, las políticas de acoso y agresión a las mujeres o la victimización que implica toda la visión feminista de la cultura de la violación. Su disidencia llega hasta señalar que la mujer es la que manda en la estructura familiar.

Tras el avance del feminismo *queer*, las feministas marxistas tradicionales, las que luchaban contra el patriarcado e incluso contra el heteropatriarcado, se han encontrado con que el género ha llegado demasiado lejos, porque una cosa es construirse socialmente con roles masculinos, construirse socialmente una atracción sexual hacia las mujeres, y otra construirse socialmente el sexo biológico a gusto del consumidor o asumir que cualquier hombre genético con su pene y sus testículos, su testosterona, su cuerpo más musculoso..., diga que es mujer y haya que aceptarlo sin objeciones o sin excepciones. Nos encontramos con otro movimiento de disidencia dentro del feminismo actual: el de **TERFs contra *transfem*.**

RECUPERAR (UN POCO) NUESTRO SER BIOLÓGICO

Las discrepancias entre lesbianas y homosexuales dentro de los movimientos homosexualistas respecto al papel de la mujer en sus colectivos viene de lejos: en los años setenta, con la feminista lesbiana **Dorothy Luise Taliaferro** (1921-2008), alias Del Martin, a la cabeza, se les acusó de ser sexistas con las mujeres. Y los movimientos separatistas que odian a los hombres también incluyen a los homosexuales que, evidentemente, son varones sea cual sea su inclinación sexual.

El término TERF, siglas de *Trans Exclusionary Radical Feminist*, incluye a un conglomerado de feministas radicales o *radfem*, y de feministas separatistas lesbianas, que excluyen a las personas XY que se autoperciben mujeres, las llamadas mujeres transgénero, considerando que no son mujeres, sino hombres, y que deben ser excluidos de lugares femeninos como baños, vestuarios…

Esta vuelta a la realidad les ha costado ser acusadas de transfobia, discurso de odio y discriminación con la misma virulencia con la que ellas acusan a las que disienten de sus postulados de lucha de sexos. En este grupo de TERFs también hay que añadir a las feministas de izquierda marxista tradicionales y a las feministas institucionales: en el caso de España hablamos respectivamente del Partido Feminista, con Lidia Falcón a la cabeza, incluido en Izquierda Unida y posteriormente en Unidas Podemos, expulsado de estos partidos por identificarse con los postulados TERF en un manifiesto[76], y del feminismo institucional del PSOE[77] que también se ha decantado por esa visión. Frente a las TERFs y las SWERFs (*Sex Worker Exclusionary Radical Feminist*) antiprostitución, puritanas y prolesbianismo que ya vimos en la evolución antihombres, están las *transfem* (feministas que aceptan como mujeres a las personas XY autopercibidas mujer), el feminismo LGTBI, el *queer*, el posporno y pornoterrorismo, y el feminismo interseccional.

Pese a que el término «género» como construcción social de la sexualidad es una idea que ha defendido este conglomerado de feministas ahora llamadas TERFS y que inicialmente surgió de su admirada Simone de Beauvoir, se encuentran con que el concepto se ha desarrollado de tal forma que engulle toda la lucha feminista. Asumir a la mujer como construcción social a la que niegan tener profundas raíces biológicas y que se supone es modelada por el patriarcado y el heteropatriarcado en la sumisión al varón, y en determinados gustos, comportamientos, deseos, percepciones, habilidades, empleos, estudios…, implica que liberarse de ese modelado hace que no existan

76 https://partidofeminista.es/comunicado-del-partido-feminista-de-españa-transexualidad/

77 https://www.outono.net/elentir/documentos/argumentario-del-psoe-contra-la-teoria-queer/

mujeres. La relegación de la biología a un elemento incidental, que en nada afecta a los seres humanos, termina dando lugar a esa posibilidad de elegir lo que queremos ser. Si no se nace hombre o mujer, si el sexo no es binario, si podemos modelarlo o elegirlo, significa que no hay hombre o mujer biológicos, sino seres neutros que se construyen a su criterio.

Lo normal es que nadie quiera modelarse como mujer, ya que es un papel nada deseable: víctima y oprimida. Por esgrimir esa razón, las defensoras de la mujer han conseguido elevadas sumas de dinero público y negocios varios, así como cuotas femeninas en empleos, listas electorales…, al margen de su valía, por ser mujeres y, por tanto, víctimas y oprimidas. Pero resulta que hay personas cromosómicamente XY que se construyen y se perciben mujeres y, por tanto, merecen todas esas prebendas (cuotas, ayudas…) además de ser tratadas en todos los ámbitos como tales mujeres.

Y apoyándose en algunos casos, ya contemplados en medicina, de disforia de género, alteraciones cromosómicas, malformaciones y ambigüedades sexuales de una ínfima parte de la población humana a la que se utiliza para justificar estas teorías, se impone por ley que el hombre y la mujer biológicos no existen y que solo existe la autopercepción y la autoconstrucción, que debe ser respetada y aceptada por todos so pena, incluso, de multa, como en el caso de Canadá. Y como la libertad de sexo y género implica que no hay que cumplir los estereotipos arcaicos asociados a la masculinidad o feminidad, hay hombres con vagina y mujeres con pene.

Frente a esto, las TERF afirman que el sexo es biológico y es el hecho de nacer con sexo femenino lo que provoca la opresión de la mujer; que el género es la construcción social del sexo biológico, los roles que la sociedad asigna a ambos sexos, y que el feminismo pretende abolir para emancipar a las mujeres; que, si se sustituye género por sexo, se desdibuja el concepto de mujer y su situación de desigualdad. En resumen, que aplicar el sinsentido *queer* de forma lógica les desmontaría la teoría, el chiringuito, la victimización y el dinero público. También afirman que la identidad sexual debe ser garantía de libre desarrollo de la personalidad, pero sin efectos jurídicos, ya que no existe la libre determinación sexual y tampoco se puede legislar sobre los sentimientos. Llegan a negar que haya tales mujeres trans, y consideran que son «hombres transfemeninos», término que quizá resulte más adecuado para quienes consideran que existen hombres y mujeres fisiológicos y genéticos, es decir, la mayoría de la humanidad.

Pero es que además de la irracionalidad de los planteamientos y del despropósito de legislaciones que los oficializan, y que afectan al movimiento feminista institucional, antihombres y de corte marxista, las consecuencias de los feminismos *queer* y *transfem* son también devastadoras para toda la sociedad, porque implican:

— La irrupción de hombres en ambientes de intimidad femenina (servicios y baños, vestuarios cárceles...) simplemente porque han dicho que son mujeres, y su construcción social y su autopercepción van por delante de la construcción biológica y la percepción del resto, con el consiguiente beneficio de violadores y abusadores varios.

— Que las preciadas cuotas por género en empleos y puestos interesantes (ninguna feminista ha pedido cuotas de, por ejemplo, albañil destajista) pueden ser ocupadas por una persona XY con pene y barba autopercibida mujer.

— Que personas genéticamente XY, es decir, varones con un cuerpo esculpido por la testosterona y por ello con más envergadura, una constitución ósea más recia, más masa muscular, más capacidad de entrenamiento, más fuerza, resistencia y velocidad, sin menstruación y la autorización de duplicar la tasa de testosterona permitida a las mujeres biológicas, arrasen en las diversas competiciones de deporte femenino.

— Que la belleza natural del espécimen humano XX sea representada por hombres biológicos que imitan de forma artificial el ideal femenino y haya casos de reinas de belleza que son hombres biológicos: más altos, más esbeltos, ya que su capacidad de acumular grasa es menor, y con numerosas operaciones de cirugía para obtener una belleza discutiblemente «natural».

— Que la victimización de la mujer que supone la industria de la violencia de género se desmonte cuando hombres maltratadores se identifiquen como mujeres, ya que la violencia sería entre personas del mismo sexo, una biológico y otra autopercibido.

Todo el esfuerzo del feminismo para rentabilizar a las mujeres y hacer negocio con ellas, barrido por lo que las TERFs consideran la última trampa del patriarcado, es decir, los hombres: ocupar el lugar de víctimas de las mujeres y apoderarse de las prebendas que esto suponía e incluso copar lugares tradicional o lógicamente femeninos, como los concursos de belleza de mujeres o los podios de deporte femenino.

En algunos textos se ha tratado de minimizar la ruptura reduciéndola a un conflicto menor entre la L y la T del lobby LGTBI por ser las lesbianas de la corriente de Jeffreys las que primero dieron la voz de alarma, pero lo cierto es que todo esto va mucho más allá, porque **otra discrepancia es el tema de los vientres de alquiler**. Las feministas más cercanas al sustrato marxista creen que esa práctica es una forma de utilizar y cosificar a las mujeres, de circunscribirlas de nuevo a su «proletaria función productiva» por ser reproductiva, víctima de los varones, en este caso homosexuales, que necesitan el útero de la mujer para su beneficio. Tan contrarias son a esta técnica reproductiva francamente reprobable, que por primera vez se han preocupado de eso que llaman «fruto de la concepción» que con tanto desparpajo cosifican y eliminan, afirmando que los vientres de alquiler también cosifican al niño y lo convierten en producto de una compraventa. Por el contrario, las corrientes *queer* consideran perfectamente justificada esta práctica y, además, la única forma de responder al deseo de paternidad biológica de las parejas homosexuales masculinas.

Pero la diferente postura respecto a este tema es lógica en tanto las disidentes del feminismo *queer*, las marxistas clásicas, las TERFs consideran la prostitución, la pornografía y los empleos que comercien con el cuerpo de la mujer (entendiendo también por comercio incluso cualquier exhibición de mujeres bellas para dar más atractivo a un producto, naturalmente con su consentimiento), algo que degrada a la mujer. También consideran que el vientre de alquiler es hacer de «horno gestacional», de nuevo una utilización y cosificación del cuerpo femenino fruto de la opresión patriarcal. En cambio, el feminismo *queer* es favorable a la prostitución como negocio, y como forma de que la mujer sea dueña de su cuerpo, ya sea para gozar, rentabilizarlo, utilizarlo como arma política o como forma de destruir estructuras sociales frente a la prostitución gratuita que, desde su ideología, suponen las relaciones heterosexuales de una pareja estable. También son partidarias, e incluso entusiastas, de la pornografía para uso terrorista contra las normas sociales, como ya vimos en algunas corrientes, y el vientre de alquiler sería un negocio y reivindicar los presuntos derechos, tanto a disponer del niño como a que determinadas parejas materialicen su deseo de paternidad.

Cabe destacar que el feminismo disidente libertario de Paglia también tiene esa visión de libertad absoluta y sin cortapisas morales del uso del cuerpo de la mujer: prostitución, pornografía, aborto, la seducción, la mirada lasciva del hombre…, frente a la nueva represión de la mujer que supone el feminismo marxista que, si bien es favorable al aborto por motivos que ya vimos, resulta respecto al resto de las cosas de una moral puritana, aunque sea por otras razones.

Por tanto, en esta confrontación, el grupo G (homosexuales del Lobby LGTBI) tiene una controversia con las feministas, mucha de ellas L (lesbianas), por lo que consideran egoísmo respecto a sus deseos de paternidad, que reinventan como derecho.

El lobby LGTBI ha infiltrado el feminismo y las corrientes más actuales, como ya vimos, son definitivamente *queer*, *pro-trans*, y su lucha es contra el cis-heteropatriarcado, es decir, la estructura que te obliga a aceptar tu sexo biológico (cis frente a trans), tu orientación sexual biológicamente habitual y reproductiva hetero, y la organización biológica sociofamiliar con padre y madre que llaman patriarcado. Las nuevas feministas son *transmaricabollo* y otros neologismos que significan, más o menos, que tienen que ser lo contrario de lo que son en realidad para ser algo en ese mundillo.

El lobby LGTBI y las transfeministas acusan a las TERFs de ser transfóbicas, retrógradas, con argumentos antiguos y propios de la ultraderecha rancia y los grupos religiosos, como si el sexo biológico fuera un invento de grupos que estos lobbies consideran retrógrados, religiosos o conservadores. A su vez, las TERFs afirman que el transfeminismo, el lobby LGTBI y el lobby trans son misóginos, ya que insultan a las mujeres con terminología tal como personas menstruantes, personas gestantes o tenedoras de orificio delantero (vagina) frente al orificio trasero (ano) para no ofender a las personas trans, porque tener o no tener esas características no implica necesariamente ser hombre o ser mujer. Esta terminología es utilizada por activistas *queer* en cursillos de educación sexual y género en las aulas de menores.

Como verán, esto daría para no aburrirse si sucediera en Marte. Lo malo es que sucede a nuestro lado, se imparte en las aulas de nuestros hijos, lo aceptan nuestros representantes políticos y se refleja en nuestras leyes.

7. COINCIDENCIAS CON LOS TOTALITARISMOS: DE TAL PALO, TAL ASTILLA

El enfoque del feminismo marxista con todas sus ramificaciones es el único que actualmente existe ya que, como hemos visto, otras variantes liberales o asumen algunos postulados y reivindicaciones de este femimarxismo, o no tienen *casus belli*. Y no solo es que sus raíces sean marxistas y su evolución haya ido en esa dirección, sino que tiene bastantes concomitancias con dos ideologías totalitarias de triste recuerdo: el comunismo y el nacionalsocialismo o nazismo, ambas surgidas de esa visión estatalizada de la sociedad.

Su letalidad no es la misma que la que caracteriza a comunismo y nazismo, en tanto este movimiento no utiliza armas de fuego para la toma del poder, si bien ha dejado ya muchos muertos y víctimas por el camino perfectamente achacables a la aplicación de las injusticias que defiende e impone el feminismo. Y siempre que no se contabilicen los abortos como asesinato, espantoso logro que el feminismo reivindica como suyo.

Veamos las coincidencias en otros puntos que, para inquietud de los críticos del feminismo, son muchas.

El feminismo hace uso de **dos herramientas revolucionarias marxistas** que tendemos a olvidar y nos llevan a quedar indefensos ante ellas: **la mentira** y la justificación maquiavélica de **cualquier medio para obtener el fin.**

El engaño es un arma perfectamente aceptable, recomendable y en absoluto reprobable para el feminismo y para todo el entramado ideológico del género. Por esa razón, los objetivos últimos no se dicen con claridad y se niega lo que puede resultar negativo para el movimiento.

Por eso niegan que se **promociona el lesbianismo**, y ya hemos visto que es parte del corpus doctrinal, y se está haciendo. Niegan que se está **utilizando a los niños** como sujetos revolucionarios, que se les está **adoctrinando y emancipando sexualmente** desde edades muy tempranas, y se hace desde cursos de feminismo y contra la violencia de género, desde espectáculos *queer* y desde proyectos de corte feminista como Skolae. Niegan que se está **persiguiendo al hombre institucionalmente**, que hay hombres y niños maltratados y asesinados por mujeres, y mujeres maltratadas y asesinadas por otras mujeres. Niega y miente, que algo queda.

A esto se une la segunda herramienta **—el fin justifica los medios—**, de forma que **todo es válido** si acerca a ese objetivo de lucha contra una estructura social opresiva y todo lo que impone: la mentira (datos falsos, falsa información de los objetivos reales, falsa representatividad) y lo que haga falta (dinero de cualquier origen, adoctrinamiento de menores, destrucción de quien se opone, criminalización del varón, cultura de la violación, promoción no reconocida de la homosexualidad, violencia, censura, manipulación, deshumanización, eliminación de los hijos como derecho, renuncia al amor y la entrega, victimismo para vender todo lo anterior…)

No tenerlo en cuenta nos deja indefensos y además nos impide entender el funcionamiento de esta ideología. Tratarán de engañarnos siempre que puedan (de ahí la batalla por la terminología y la falsedad sobre qué es el feminismo y qué pretende) y, si eso falla, vendrá la censura, la coacción, la persecución del disidente y su muerte civil. Difama, que algo queda.

Su fundamento ideológico

Ese **sustrato marxista de lucha de sexos y estructuras sociales opresivas** que hay que reventar para crear una sociedad mejor, evidente y fundamental en todo el constructo doctrinal feminista actual, es el otro punto de partida imprescindible para comprender el feminismo de hoy, sus exigencias, sus estrategias y sus derivas. Y también es necesario para entender por qué este movimiento es monopolizado, capitalizado e instrumentalizado por partidos de izquierda y así tomar conciencia de que las mujeres de visiones políticas más sensatas (conservadoras), jamás van a ser bienvenidas en los actos de los que han ido apoderándose y vaciando de su contenido inicial para convertirlos en otra cosa donde solo caben algunas mujeres: las de ideología marxista.

Las incautas mujeres que han asumido gran parte de las falacias y los dogmas del feminismo actual, las que piensan que participando en marchas, actos y manifestaciones reivindicativas de los derechos de las mujeres y contra la violencia de género ayudan a otras mujeres, las que creen que el feminismo es lo que dice ser (lo que pone en el diccionario de la RAE) pero que llevan el pecado original de no ser de izquierdas, no son bienvenidas. Y deben asumir que no son «mujeres», ya que este feminismo busca herramientas para la lucha y sujetos revolucionarios, premisas que no cumplen porque, en definitiva, el punto de mira de este movimiento que, hay que insistir, no lucha por las mujeres, va dirigido a otros objetivos. Entre otros, **dar nueva savia y vitalidad a un marxismo obrero en total desaparición**. En este momento, **los agentes de cambio social, las fuerzas de choque de la izquierda son los *lobbies* de género, uno de ellos el feminismo.**

El análisis de las banderas presentes en estos actos, la deriva de los sindicatos de clase a sindicatos de género, la sustitución del organismo de manipulación y adoctrinamiento de menores que es el Sindicato de Estudiantes, dejando paso al sindicato feminista Libres y Combativas, son pruebas evidentes de esto. Y los altercados con expulsión e insultos a las mujeres de otra parte del espectro político que se empeñan en asistir a los actos femimarxistas y en dar carta de naturaleza a este engaño, es otra evidencia. Porque el engaño es permanente simplemente por su sustrato marxista.

La mujer ya no es objetivo sino el sujeto de cambio, lo que significa, y hay que insistir de nuevo, que el feminismo de hoy no defiende los intereses de las mujeres, sino que **las utiliza para su lucha**. Una revolución en el sustrato más profundo de la sociedad.

Esta lucha se realiza contra el otro grupo y las estructuras sociales que presuntamente ha creado para perpetuar la opresión, ya saben: **el patriarcado**, ese ente que ha ido evolucionando en maldad según iban desarrollándose las teorías feministas y que ha derivado, como ya hemos visto antes, en **heteropatriarcado,** con la entrada del lesbianismo como lucha contra la heterosexualidad impuesta por el patriarcado y, finalmente, en el **cisheteropatriarcado**, ese patriarcado que, además de lo anterior, impone abusivamente que las personas pertenezcan al sexo biológico determinado por sus genes.

De hecho, también hemos visto que el feminismo se ha dividido en este momento entre las facciones que luchan contra cada una de las tres estructuras de opresión. Y que, desde luego, ni la mujer ni sus derechos presuntamente vulnerados, son su prioridad, ni siquiera uno de sus objetivos. La mujer es solo una herramienta. Y la mujer que no es herramienta, como las mujeres que no han «comprendido» que la lucha es contra la estructura social y no por los derechos de las mujeres, ya ampliamente conseguidos, no es mujer. La mujer conservadora no es «mujer-sujeto de cambio» pero puede ser masa en determinadas ocasiones y siempre que no se identifique como lo que es. El marxismo cultural, en su apropiación de actos, espacios y mentes, no permite otras filiaciones que puedan hacerle sombra.

Por otro lado, **la lucha de sexos que supuso la aplicación de la lucha de clases a la familia,** con su consiguiente dialéctica que debía elevar a la clase oprimida sobre la opresora, cambiar la estructura que sustentaba esa opresión, el patriarcado y, finalmente, conseguir el surgimiento de una sociedad nueva más justa y feliz, según desarrollamos el planteamiento de Engels, presenta los típicos errores de trasposición de situaciones diferentes que se equiparan.

Una familia no es una sociedad de clases enemigas sin intereses comunes y que se odian. Normalmente **en la familia,** entre la presunta oprimida y el presunto opresor, **hay amor y un proyecto común** de incalculable valor para ambos: **los hijos**. En esa pequeña célula sociobiológica, cada uno aporta su parte del trabajo para que funcione, porque no es un lugar inhóspito sin implicaciones afectivas, sino el hogar, donde las personas nacen, se forman y son aceptadas y ayudadas siempre.

Estrategias: La separación de las clases sociobiológicas de la nueva dialéctica

Esta trasposición de situaciones diferentes no funcionaba tan fácilmente, por lo que, como lógica consecuencia, **había que eliminar lo diferente, el amor y los hijos**, para que la teoría de la dialéctica marxista, ya bastante objetable como interpretación de la sociedad, encajara como interpretación del núcleo familiar.

Y el feminismo comenzó a **crear una visión negativa del amor entre sexos,** entregado, lleno de pasión, y con una lealtad sólida a la otra persona que en esencia facilita la creación de un equipo unido en afecto y proyecto para la supervivencia. Lo que algunos llaman amor romántico, enamoramiento loco y otros llaman estrategia biológica para la supervivencia de la especie, se transforma en **un subterfugio de los varones para esclavizar** a las mujeres, las tontas de esta historia para el feminismo.

Los hijos, la maternidad, el proyecto común de valor incalculable, también debe desaparecer como segundo elemento de divergencia de la lucha de sexos con la lucha de clases. **Los hijos se presentan en esta ideología como un problema**, una responsabilidad llena de desventajas y sin una sola gratificación. La maternidad es algo odioso, que degrada, cosifica, limita a la mujer. El niño en gestación es un ser ajeno, un parásito que se nutre de la madre y le resta juventud, belleza y libertad. El aborto es el derecho de la mujer a eludir ese presunto futuro espantoso.

La familia cambia de color y es un lugar oscuro, opresivo, trasnochado, que solo produce decepciones y frustración. Sin esos molestos elementos, los hijos, y cambiando el amor por un engaño merecedor de odio, el terreno está abonado para el enfrentamiento. **La familia es un frente de batalla de intereses contrapuestos.**

Y los dos grupos sociales antagónicos **dejan de tener puntos en común** para odiarse desde la lejanía de intereses y la incomprensión más absoluta de sus diferentes naturalezas.

Porque resulta asombroso que el necesario conocimiento de lo que implica de forma general la pertenencia por genes a uno u otro sexo, se evite completamente. Y no se hace en aras de una pretendida igualdad que biológicamente no existe sino, posiblemente, porque la incomprensión entre los habitantes de Marte y las de Venus facilita el éxito de esta ingeniería social.

De hecho, **el amor heterosexual es un compendio de problemas para el feminismo marxista:** hace que los grupos sociales antagónicos, que hay que mantener en la medida de lo posible en el odio, la incomprensión y la lejanía de intereses, se mezclen. La mejor forma de evitar todo ello es la promoción del amor homosexual entre mujeres: no se tienen hombres queridos, no se tienen hijos en común con el otro sexo.

La homosexualidad, pese a que se niegue, **se está promocionando** (otra mentira revolucionaria e interesada más). A estas alturas del libro a ustedes ya no les engañan. Sí, se promociona porque es lógica consecuencia de las premisas que estructuran el feminismo: la forma de eludir el patriarcado es una sexualidad sin opresión, sin consecuencias esclavizantes (maternidad) y ajena a los hombres. Y no solo las ideólogas lo presentan como parte de la revolución, sino que los colectivos feministas lo valoran como un plus: ya saben, la interseccionalidad y la suma de opresiones: se es más víctima siendo mujer y lesbiana. Y se puede ser lesbiana porque no se nace mujer, ni se nace heterosexual. Cada uno se construye como quiera. Y si la nueva biología se construye al margen de la genética, qué menos que la orientación o deseo **sexual se pueda elegir.**

La homosexualidad femenina es la forma de luchar contra el heteropatriarcado, facilita y permite la masculinización de la mujer, y ayuda a evitar las relaciones heterosexuales, que se conciben como una forma de violación y cuya consecuencia es la maternidad esclavizante. Se excluye al hombre de la vida de las mujeres y, finalmente, ya no es necesario perseguir el amor romántico entre ambos sexos.

Y no solo eso, **el varón no opresor,** el varón sin las características que convierten al hombre en un ser violento**, es el hombre feminizado**. Era lógico que el feminismo terminara de la mano de los *lobbies* homosexualistas, por militancia de sus adeptas y por afinidad con los varones que han renunciado a oprimir a las mujeres. Su figura es la del hombre no opresor, que no embaraza a ninguna, que no es violento, ni posesivo, ni peligroso con las mujeres. Es lógico, por tanto, que el feminismo quiera lesbianas y homosexuales en su nueva sociedad.

Y no solo **se promociona el sexo homosexual**, sino también a **la mujer masculina y al hombre femenino**, dos elementos que hacen que la naturaleza heterosexual pueda sustituir su atracción por sucedáneos: la mujer masculina atrae con más facilidad a las mujeres heterosexuales y, lógicamente, produce el efecto contrario en los varones heterosexuales. De igual forma sucede con los hombres feminizados, que en determinadas ocasiones pueden sustituir en el deseo heterosexual a las mujeres. Así sucede desde siempre en las prisiones, donde solo hay convivencia entre personas del mismo sexo. De igual forma, esos hombres femeninos no atraen a las mujeres. La promoción de seres andróginos, la imagen sexualmente neutra, además de otras razones para su promoción, tiene este plus de eliminación de la atracción de los contrarios que tenemos inserto en nuestro código de especie sustituyéndola por sucedáneos y altas dosis de ideología que racionalicen y apoyen la elección en los heterosexuales. Como la lucha contra el heteropatriarcado opresor.

Todo vale para dividir y conseguir dos grupos antagónicos lo más alejados de tener intereses comunes y lo más numerosos posible, a fin de restar del grupo heterosexual colaborativo entre sexos complementarios. La realidad es que se puede renunciar a esos roles sociales de base biológica, pero no a la propia biología. Y la biología no ha hecho dos equipos de humanos, sino una sola especie para la que es imposible sobrevivir sin esa unidad. Es muy posible que la mayoría de las seguidoras del feminismo no sepan nada de esto, anegadas en una lucha sin sentido contra sí mismas.

A partir de aquí, todo es una concatenación de causas y consecuencias. De ese antagonismo de grupos unido al «todo vale» y la ideología marxista de base, se infiere la estatalización de la vida privada para obtener unos objetivos concretos; la persecución de un grupo, su criminalización mediante leyes injustas, su eliminación mediante la deshumanización; la generación y utilización del victimismo y del odio; la prohibición de la disidencia a tan discutibles teorías y medios; la utilización de la violencia, la oficialización de la teoría y su implantación en las aulas y la utilización de fondos públicos para todo ello: nada nuevo bajo el sol. Bueno sí, hay algo nuevo: los seres humanos recién llegados a este mundo, los niños.

Culpabilización, criminalización y persecución de un grupo social: el delito genético colectivo

Al igual que los comunistas persiguieron a los burgueses, a los disidentes, a determinados grupos raciales o nacionales, y los nazis a los judíos y otros grupos, este nuevo totalitarismo tiene su grupo social culpable. Esta vez por su genética. Algo que le señala de forma inevitable y que no puede eludir, ocultar o negar.

Sí, el hombre, aunque el feminismo aparentemente moderado lo niegue, mintiendo descaradamente o haciendo que incautas engañadas lo afirmen convencidas, **el hombre heterosexual es el enemigo, el objetivo a batir.** Y así lo señalan numerosas ideólogas y es el origen de numerosas disidencias, como hemos visto.

Como en los regímenes totalitarios, tenemos una clase social o grupo genéticamente distinto, por raza o sexo, al que hay que eliminar. Primero, como a los judíos, se les culpabiliza. Hay que buscar una **culpa genética, colectiva**. Y así, el varón heterosexual es reo de esclavizar a las mujeres con relaciones afectivas de desigualdad, de utilizarlas para la reproducción y perpetuación de sus genes, de maltratarlas, violarlas y abusar de ellas. Al fin y al cabo, es el que tiene la capacidad de embarazarlas abocándolas a una maternidad esclavizadora. Ya vimos cómo una rama del feminismo considera que las relaciones heterosexuales son abusivas y una violación al margen de la opinión de la mujer. Y hay simpáticas, pacíficas e inspiradas feministas que han abogado por su esclavización, reducción mediante eutanasia o aborto, o encierro en campos de concentración. No son *boutades*. Son parte de la evolución inevitable de este feminismo: la sociedad nueva requiere que la clase oprimida, la mujer, tome las riendas. Y en la nueva historiografía feminista, el varón es el único culpable de las guerras, de traficar con mujeres y niños... Son los culpables de todos los males que han aquejado a la especie humana. Los hombres sobran. Salvo como esclavos. O anulados.

Y, precisamente por la utilización de la mentira como arma, y porque hombres y mujeres no son grupos antagónicos, sino que hay unos códigos genéticos que condicionan a los hombres para la protección de las mujeres, a muchos incautos varones se les engaña haciéndoles creer que luchan por los derechos de una mujer oprimida, lo que hace que se unan a la causa con pleno convencimiento cuando, en realidad, el objetivo es eliminarlos civilmente, y colaboran a su propia destrucción. Y no solamente lo digo yo, el feminismo disidente lo denuncia con claridad, como ya se ha expuesto. Los hombres que defienden el feminismo actual cometen el mayor de los errores. Todos somos feministas de la primera ola. En cambio, colaborar con una ideología que va contra ti por tu genética, es un despropósito.

Y como ya conocemos las derivas del feminismo, la ideología *queer* con los grupos que piden respeto y aceptación empieza a marcar al heterosexual como grupo a eliminar.

Creación de leyes discriminatorias que vulneran derechos: delitos de autor y desigualdad legal y vulneración de la presunción de inocencia

Como unas nuevas leyes de Núremberg, aparecen legislaciones que vulneran derechos de esa parte de la población criminalizada. Se crean nuevos tipos delictivos o infracciones que antes no eran tales y que además generan indefensión jurídica por estar tipificados de forma imprecisa o depender de los sentimientos de la víctima. Además, son **delitos de autor, es decir, que solo los puede realizar el grupo criminalizado**. En el caso de la LIVG (Ley Orgánica 1/2004, de 28 de diciembre, de Medidas de Protección Integral contra la Violencia de Género)[78], el delito de violencia de género solamente puede cometerlo el hombre heterosexual.

Se establecen condenas en el código penal más severas para los mismos delitos según sea el sexo del infractor[79], se crean asimetrías legales en aras de la igualdad, se ponen en marcha juzgados especiales para juzgar únicamente a ese grupo social, hombres o judíos.

Desaparece la igualdad ante la ley y el derecho a la presunción de inocencia. Presuponer que la mujer dice siempre la verdad («hay que creer a la mujer sí o sí», como dijo la vicepresidente Calvo, es exactamente que el hombre miente sí o sí) y que, frente a una acusación inculpatoria, carece de presunción de inocencia. Parece increíble que los entramados legales más evolucionados de la historia humana puedan aceptar y asumir una premisa que echa por tierra los fundamentos del derecho tal y como se concibe hoy y, sin embargo, así sucede para bochorno de todos.

Como en los regímenes totalitarios, pesa la raza, los genes o el sexo por encima de la igualdad que como seres humanos se había conseguido. La ineficaz e injusta LIVG, tras haberse probado en España, se está tratando de exportar con las mismas manipulaciones y mentiras al resto del mundo.

---

78 Ley Orgánica 1/2004, de 28 de diciembre, de Medidas de Protección Integral contra la Violencia de Género
https://www.boe.es/buscar/pdf/2004/BOE-A-2005-21760-consolidado.pdf
Para saber más sobre las controversias de la LIVG y sus resultados
Rubio, Alicia V. *Cuando nos prohibieron ser mujeres ...y os persiguieron por ser hombres.* Amazon Publisher, 2016 (Cap. 17-18)

79 Penas diferentes según el sexo del infractor en los artículos 147,148, 153,171,172 del Código Penal modificados al entrar en vigor la LIVG

En el texto se menciona que ya hay movimientos que dirigen todo su odio y su lucha contra los heterosexuales. Generalizar ese odio va a ser la siguiente vuelta de tuerca que, hasta cierto punto, también intuyen las feministas marxistas tradicionales, muchas de ellas heterosexuales, ya que no han decidido «lesbianizarse» para luchar contra el heteropatriarcado y siguen luchando contra el patriarcado y el hombre antagonista, y no contra la propia mujer heterosexual.

Ya hay leyes de supuesta igualdad de los LGTBI y los heterosexuales en las que se instauran infracciones de homofobia con multas y que pronto serán delitos con penas más severas, delitos colectivos y de autor que solo los heterosexuales pueden cometer porque ese grupo es el señalado. Lentamente, la ventana de Overton de la aceptación de la criminalización se cierne contra los heterosexuales por sus culpas contra la diversidad como antes dejamos que se cerniera contra el varón.

Negación de la condición humana a seres humanos en función de sus circunstancias

El aborto es una forma de negar los derechos y la humanidad misma a seres humanos en un estadio de su vida de especial vulnerabilidad. Naturalmente, como sucedió en el caso de los esclavos por su color de piel o de los judíos, los que han sido convencidos de que se trata de no-humanos, carecen de sentimientos de aversión por su muerte o destrucción.

El aborto, además, **es la quintaesencia del marxismo cultural** por tres razones: **despoja al ser humano la dignidad** inherente que le reconoce la cultura cristiana al margen de su situación concreta, **libera a la mujer de su papel proletario de generar** producción, en este caso **reproducción** para beneficio del opresor y, finalmente y si recordamos la sentencia de Von Mises, es la prueba evidente de que **se está luchando contra la biología** utilizando cualquier medio desde el mencionado «todo vale». De la mano de esta locura y debido a la eliminación de la dignidad humana intrínseca a todo ser humano, al margen de sus circunstancias, y al cada vez más insostenible *Estado del bienestar* a causa de la reducción poblacional que conlleva el aborto y las teorías antes expuestas, también viene la **eutanasia**, vendida como otro **derecho a decidir**.

Las vidas consideradas no útiles se eliminarán sin problema, porque el «derecho a decidir», en el lenguaje orwelliano de esta ideología, es que otros van a decidir por ti una vez asumas, o te induzcan a asumir, que tu vida puede cercenarse en función de unas circunstancias. Decidirán por ti como deciden por el nonato e incluso, en muchos casos, por la madre que aborta.

La deriva de los regímenes totalitarios respecto a la eutanasia y las vidas no útiles es de sobra conocida. Enfermos, discapacitados, dementes..., serán invitados a dejar de ser una carga social.

Supremacismo genético

Supremacista es alguien que cree pertenecer a un grupo de personas mejores que debe liderar o tener el control sobre otros grupos. El feminismo, por todo lo anterior, **ha creado una casta supremacista que se cree con derecho a que las leyes se retuerzan para su beneficio**, a matar en función de sus intereses, a no ser responsable de sus actos frente a las castas inferiores... De esa manera, lo que primero era el asesinato del hijo en el vientre materno y luego se reinventó como un conflicto de intereses con un perdedor que siempre era el mismo, ahora es concebido como un derecho del grupo superior hasta el punto de que los derechos ya no son inherentes a los niños en gestación en su calidad de seres humanos, sino a la potestad de la madre, casta superior que, si lo acepta, le dota de derechos, y si lo rechaza, carece de derechos y es eliminado. En el caso de los hombres, la casta superior mujeril (o los políticos varones que han traído estas leyes, pues ya hemos visto casos) carece de responsabilidad en situaciones de denuncias falsas o de que, a causa de las injusticias producidas, la víctima optara por quitarse la vida. Supongan esto mismo aplicado a personas de raza negra o judíos. Terrible. Lo asombroso es que se haya llegado a esto, de nuevo, cambiando los grupos sociales y maquillando con neolenguaje los hechos.

Estatalización de la intimidad y la vida privada como un ámbito más del ciudadano: ciudadanía íntima

En este caso hablamos de algo tan alejado de la regulación de los poderes públicos como es la vida privada, la intimidad. Sin embargo, este nuevo totalitarismo se inmiscuye hasta en las cocinas y los dormitorios. **El control de los ámbitos privados es necesario para la ingeniería social que trata de imponerse**. No somos conscientes de la enorme repercusión que ha tenido en nuestras vidas la frase «lo personal es político» de Kate Millet, que abrió paso a la politización, regulación y legislación de la intimidad. Como lo personal se ve afectado por factores externos, factores sociales, el Estado tiene derecho a regular, a arbitrar, saber de tu vida sexual, regular leyes con relación a ello, valorar tus gustos y protegerte o perseguirte, premiarte o castigarte por ello. Las normas de un Estado, ese sí opresor, sobre las relaciones humanas convierten en político todo lo que afecta a su ingeniería social.

El buen ciudadano ha de organizar sus horas fuera del trabajo como ese feminismo institucional disfrazado de libertad considera no tóxico, los ocios deben ser igualitarios, el trabajo en el hogar dividido según consideran idóneo las ideólogas... y si no se consigue, se invertirán fondos públicos que saldrán de los de siempre y revertirán en los bolsillos de siempre.

Y, **si hay algo que se interpone** entre el Estado benéfico y el individuo oprimido que hay que salvar, **es la familia**, ese entorno tóxico donde se genera la violencia y la opresión, y se educa en comportamientos patriarcales. La crítica de Hoff

Sommers sobre la renuncia a su familia de la neófita del feminismo llevada al límite por el feminismo *queer* de Manada de Lobxs, es el resultado de esta visión que se ofrece de la familia y que deja al individuo en manos de ese tentáculo de un Estado totalitario que, a estas alturas de la lectura nadie dudará, es el feminismo.

Oficialidad de la deriva ideológica y dinero público para la implantación de la ideología

Mencionamos este punto brevemente puesto que en el capítulo del feminismo institucional ya se ha mostrado cómo el feminismo es en este momento una ideología oficial que se impone en todos los ámbitos con cursos de perspectiva de género cada vez más imprescindibles para acceder a cualquier puesto, con leyes que imponen la perspectiva de género, es decir, la visión que el feminismo decide hay que tener, o simplemente una visión sesgada de la realidad, y con la entrada en las aulas por encima de la opinión de los padres. El dinero público fluye para afianzar todo el entramado con puestos públicos con la coletilla «de género» o «de igualdad» y subvenciones o partidas del presupuesto invertidas en las presuntas víctimas del cisheteropatriarcado y, sobre todo, en los bolsillos de las asociaciones que les ayudan, así como en campañas que, en muchas ocasiones, amplifican problemas inexistentes o residuales para luego crear una trama para solucionarlos con nuevas partidas de dinero público. Tanto si existen, aunque a bajo nivel, como si se inventan, **esos problemas surgidos de la perspectiva de género nunca se van a solucionar**, por la simple razón de que la gente que vive de eso no puede permitirlo porque es su *modus vivendi*. Al contrario: a mayor inversión de fondos públicos, mayor se hace el problema. Hablamos de los famosos chiringuitos.

Utilización del odio y la revancha: incentivación y manipulación de las pasiones humanas

Toda esta visión desquiciada y discutible, no olvidemos que inculcada a las niñas en la transversalidad de la perspectiva de género, por los profesores/as implicados en esta visión del mundo y por los cursillos contra la violencia de género que imparten los *lobbies* de género amparados por las legislaciones de presunta igualdad, solo puede ser sostenida por el odio, la manipulación emotiva y la utilización perfectamente planificada de los sentimientos humanos de necesidad de pertenencia, frustración, revancha y derivación de las responsabilidades…

Desde que **el comunismo comenzó su andadura y sus espantosas tropelías** de todo tipo, **la forma de justificarlas** siempre ha sido por la **existencia real o figurada de unos agravios y por la utilización del odio como arma revolucionaria**. De hecho, los grandes teóricos y prácticos de las técnicas de manipulación de masas han pertenecido a alguno de los grandes totalitarismos del siglo XX: Gramsci, Goebbels…

La victimización es una forma de derivar las frustraciones por causas diversas, responsabilizando a terceros de los fracasos («me pasa esto porque soy mujer, no por mi falta de esfuerzo o capacidad»), generando ese necesario odio y deseo de revancha («que me resarzan de esta injusticia») y finalmente esa irresponsabilización de las injusticias y daños que se cometan («hago esto porque ellos lo merecen»). Con estos tres resortes emotivos tendremos una tropa de personas dispuestas a todo.

Pensamiento totalitario que no admite críticas y uso de la violencia: imposición del pensamiento único y persecución del disidente

Se le atribuye a Voltaire la francamente acertada frase: «Para saber quién reina sobre ti, simplemente descubre a quién no puedes criticar». ¿Y saben a quién no se puede criticar? Al feminismo y su variante *queer* relacionada con el lobby LGTBI. Al contrario que otras ideologías, el feminismo actual no permite la crítica, o la objeción a sus teorías: se lo aseguro de forma personal. **Cualquier crítica a sus postulados se interpreta como un ataque a sus derechos**. Es terrible ver, como las feministas disidentes señalan, que la Universidad, cuna del debate y centro de la libertad, es unánime en la obligatoriedad de la perspectiva de género y la ideología feminista, tanto la *queer* como la antihombres con su cultura de la violación. Y naturalmente, cuanto de todo ello se desprende, sin que nadie se atreva a discrepar. Porque disidentes los hay, pero la maquinaria feminista institucional los va destruyendo en su reputación, sus carreras profesionales…, de forma que no sean ningún peligro. Se comenzó con el ámbito del pensamiento y las letras, y ahora se arremete contra las ciencias. Se habla de una biología antigua que asociaba el sexo a los cromosomas; una psicología antigua que señalaba diferencias en la psique de mujeres y hombres; una antropología antigua que asociaba los roles sociales a los biológicos; una neurología antigua que veía diferencias en la estructura cerebral entre hombres y mujeres…

La **imposición del pensamiento único** lleva a que millones de personas piensen que esta ideología afirma que dos más dos son cinco y que no es cierto, pero nadie sea capaz de señalarlo. En el caso de las famosas denuncias falsas o instrumentales de violencia de género que existen y se hacen por interés para mejorar las condiciones en el divorcio, por venganza o por conseguir algunas de las ayudas que se ofrecen a las presuntas maltratadas sin necesidad de probar nada, la divergencia entre la realidad y la verdad oficial es un clamor: los ciudadanos saben que existen y son muy habituales, pero los medios de comunicación, incluso con trabajadores víctimas de esas denuncias, muestran la realidad oficial sin fisuras. Nadie se atreve a contradecir al *Gran Hermano* del feminismo y sus verdades oficiales. Lo mismo sucede con opiniones, avaladas por la ciencia, sobre la homosexualidad o la transexualidad que, si desmienten las verdades oficiales, se convierten en homofobia y transfobia, en vulneración de los derechos de esos colectivos y en delitos de odio. Pensar diferente en la sociedad del feminismo y la ideología de género hiere sensibilidades patológicamente sensibles y hace tambalear sorprendentes derechos específicos de quienes también tienen todos los derechos universales.

No hay debates, no hay sino difamación y violencia. O el escrache para que no se puedan transmitir esas objeciones y la agresión al que lo intenta. Todo vale y, además, el disidente se lo ha buscado.

Adoctrinamiento de los menores para implicarlos en el proyecto

Las ideologías totalitarias, y el feminismo de género, de raíz marxista, lo es, siempre han tenido entre sus objetivos principales la educación de los menores por razones obvias: **son** tremendamente **moldeables al adoctrinamiento** porque no tienen bagaje ético-moral, ni vivencial, ni argumentos defensivos, y es fácil que se adapten y asuman cualquier cosa. Digamos que **son fáciles de aleccionar** y, una vez adiestrados, especialmente **fieles al aprendizaje adquirido**. Otra de las razones es que, una vez expandida la doctrina entre las nuevas generaciones, solo es cuestión de tiempo que esos niños sean hombres y mujeres que aleccionen a las siguientes generaciones dejando ya el trabajo hecho para el afianzamiento en las aulas y en las familias de la moral estatal. Como futuros padres y docentes, muchos de estos niños **serán los adultos del sistema que educarán a los nuevos ciudadanos**. Y como futuros gobernantes, algunos colaborarán con leyes y reglamentos a la entronización de esta ideología.

A esa facilidad de captación, esa fidelidad a lo aprendido como dogma y esa capacidad de transmisión a las nuevas generaciones de la moral o la ideología estatal, se añade una cuarta ventaja: su **papel de informadores y denunciantes de los adultos** que, en su entorno, traten de contrarrestar la ideología. Naturalmente, los adultos de su entorno de los que deben informar son, mayoritariamente, padres y profesores.

En los totalitarismos, los menores actuaban como delatores cuando sus mayores no eran suficientemente adeptos al régimen, lo criticaban o, peor aún, se oponían. En muchos casos, y debido a la inocencia de los menores, ni siquiera eran conscientes del terrible mal que causaban a sus familiares o profesores, que terminaban torturados o asesinados. Convencidos de que «el bien» es lo que les han contado e incapaces de contrastarlo, los menores se entregan a la destrucción del disidente, del enemigo de ese mundo maravilloso en cuya instauración y defensa colaboran.

Ya hemos asistido a diversos linchamientos de profesores que se han atrevido a opinar en contra de algunos de los dogmas del feminismo y el género, y que se han justificado con la transformación de la opinión discrepante en una ofensa o delito de fobia que ha herido al alumno delator perteneciente a uno de los colectivos oprimidos. Tras una campaña de destrucción del honor y difamación en los medios de comunicación, el disidente ha perdido en muchos casos el trabajo, la salud e incluso la vida.

Y no hay que olvidarlo en ningún momento: mienten. Les mienten continuamente y, además, todo vale para conseguir su fin. Y son estos dos elementos los que hacen que resulte terriblemente complicado que la gente bienintencionada comprenda lo que está sucediendo.

Y como, además, el fin justifica los medios, todo vale para conseguir el acceso a los niños y jóvenes y el control de sus conciencias. Lo único nuevo, permanentemente nuevo como ya mencionamos, son los ciudadanos, niños y jóvenes, que llegan a este mundo sin saber nada y a los que se les oculta la verdad o el pasado y las consecuencias, se les cuentan mentiras que no pueden identificar como tales y se les dirige a cometer los errores que benefician a quienes los manipulan.

Por si a alguien le es útil, apliquen este capítulo a las leyes de imposición de una memoria histórica o al funcionamiento de los separatismos en España. Al final, no hay nada nuevo bajo el sol, ni siquiera es una novedad que todo esto reciba el apoyo pasivo de una casta política irresponsable, cobarde y vendida o rendida a las ideologías totalitarias y que terminará siendo arrastrada por la violencia que no ha sabido, o querido, frenar cuando pudo.

8. MITOS DEL FEMINISMO: EL MUNDO DE LAS BRECHAS

Como buena ideología que saca todo tipo de réditos de la victimización, este feminismo de género ha ideado **diversas injusticias para exigir reparaciones**. Las injusticias se hacen a unas mujeres pero, como colectivo agraviado, las indemnizaciones se las llevan otras, concretamente las castas altas de los grupos feministas: las mujeres que se han arrogado nuestra representación sin nuestro permiso. Y los partidos, sindicatos y grupos que las cobijan. Algunas migajas también se llevan los grupos de choque, el feminismo de base. Lo que parece evidente es que los grandes movimientos mundialistas que están detrás del éxito de esta ideología tienen claro que **la forma de que se avance en sus objetivos últimos es que quienes trabajan para ellos, muchas veces sin saberlo, puedan beneficiarse económicamente** y repartirse poder y dinero público.

La **manipulación del lenguaje** es determinante para conseguir pasar sus planteamientos por el aro de la racionalidad. Los objetivos y los planteamientos del feminismo, todas las estrategias marxistas vistas en el capítulo anterior, no se pueden exponer con claridad e imponer abiertamente diciendo lo que realmente pretenden. Precisamente, procuran lo contrario de lo que dicen, que naturalmente suena muy benéfico para la sociedad, al contrario que sus intenciones, y lo repiten contra las evidencias porque han confirmado en diversas ocasiones que una mentira repetida mil veces se convierte en verdad. De esta forma, todas las cosas que promueve esta ideología institucionalizada parece que se hacen siempre por el bien. No dicen que se busca adoctrinar a las niñas en la ideología feminista, sino que buscan educarlas en la igualdad y empoderarlas, es decir, mostrarles que son capaces de hacer cosas ya que, como son tontas, creen que no pueden. La liberación feminista de la mujer es en realidad una opresión y censura progresiva; la sociedad inclusiva y permisiva, cada vez es más excluyente con el disidente e intolerante con el que opina diferente; la diversidad gira en torno a una sola cosa, la sexual. Para el resto de los temas se impone una homogeneidad amenazada con penas para los pecados *progres* de machismo y homofobia. Tampoco se dice que se discrimina al hombre, sino que se lucha contra la violencia de género que el varón malvado impone. La realidad va desmontando en la práctica esas y otras mentiras, porque luego se descubre que, para esta ideología, todos los hombres son malvados.

Conseguir **la igualdad real** es el eslogan que justifica todo y que limpia con tan noble aspiración la sociedad llena de injusticias que el propio movimiento está generando. La igualdad en dignidad y derechos deja abiertas las diferencias en otras muchas cosas que se deben asumir porque, nos guste o no, no somos iguales, hay altos y bajos, guapos y feos, aburridos y divertidos, hábiles y torpes, inteligentes y borderlines, cultos e incultos, trabajadores y vagos, rubios y morenos... Y cada uno de estos rasgos supone una ventaja o desventaja en situaciones concretas. Algunas son subsanables si la persona quiere, y otras no lo son. Pero la igualdad total es imposible e indeseable. Y ahí está el filón inagotable de presuntas injusticias que hay que subsanar, porque los amantes de la diversidad sexual quieren la igualdad en todo lo demás. Hay que conseguir la igualdad. Como sea, a costa de lo que sea. Por ejemplo, a costa de crear injusticias que desigualan en dignidad y en derechos. Porque entre hombres y mujeres iguales en dignidad y derechos, hay diferencias. La igualdad real del feminismo consiste esencialmente en querer igualar la parte en la que la mujer tiene índices inferiores al hombre, pero mantener las desigualdades en las que la mujer sale beneficiada.

La forma de demostrar las diferencias entre los opresores hombres y las infortunadas mujeres son «las brechas». Las brechas serían las diferencias insalvables entre la situación de ambos colectivos que demuestran el beneficio de unos y el perjuicio de otras.

Como la sociedad aún no está modelada como el feminismo quiere, sino que la libertad aún permite elegir y las elecciones libres no son iguales entre hombres y mujeres por muy diversos motivos (habilidades, intereses, gustos, percepciones, deseos, capacidades...) entre los que no se cuenta precisamente la prohibición en la elección de ninguna opción, efectivamente hay diferencias en muchas estadísticas. Y el feminismo, esa rentable ideología que lucha por la igualdad, en este caso busca las desigualdades que le interesan para aplicarse a resolverlas olvidando las que no le son rentables, porque solo existen las brechas que a la perspectiva de género le interesan. Aquí vamos a tratar de ver todas las que benefician o perjudican a unos u otras, porque no aplicamos la perspectiva de género a fin de tener una perspectiva más amplia, completa y justa, valga la redundancia.

Para hablar del discutible y complicado tema de las brechas tenemos que mencionar a la economista feminista **Heidi Hartmann** (1945) dedicada a pergeñar políticas públicas en favor de las mujeres. Ser economista y feminista marxista es una tarjeta de presentación bastante desalentadora si tenemos presentes los «éxitos descriptibles» de las políticas económicas implementadas por esta ideología. De hecho, considera insuficiente el maridaje entre feminismo y marxismo en su lucha contra el capitalismo[80]. Lógicamente, y debido al enfoque de

80 Hartmann, Heidi I. (1982). *The unhappy marriage of marxism and feminism: towards a more progressive union (El infeliz matrimonio entre el marxismo y el feminismo: hacia una unión más progresiva)*. Lima, Perú. Centro la Mujer Peruana Flora Tristán.

sus propuestas a lo largo de su desarrollo profesional, terminó creando en 1987 el Institute for Women's Policy and Research (IWPR), desde donde se proponen políticas con enfoque de género en la economía estadounidense que se irradian al resto del mundo.

Para Hartmann, el patriarcado siempre ha controlado el acceso de las mujeres a los recursos y a la sexualidad para utilizarlas como trabajadoras, para el sexo y para criar a la prole. Y afirma que ese control jerárquico lo sigue manteniendo el capitalismo en el mundo laboral. Su teoría es que el trabajo en el hogar lastra el desarrollo laboral de las mujeres con peores empleos y menos salario, lo que las ata económicamente al varón que, al dedicarse únicamente al trabajo, gana más y su carrara laboral es más exitosa. Naturalmente, no contempla los intereses individuales y las elecciones libres, por lo que sus políticas para salvar a la mujer van también en el sentido de organizar la vida privada de las familias.

Considera que los salarios más bajos llevan a que las mujeres no puedan pagar el cuidado de su prole, por lo que no puede comprometerse a fondo laboralmente al tener que preocuparse por cuidar a los hijos. Y eso va a generar una mayor tasa de pobreza en las mujeres que cuidan solas de sus hijos... También asocia los salarios bajos con la raza. Para explicar la razón por la que las mujeres cobran menos, acuña el término «**valor comparable**», y afirma que las empresas y los empleos se dividen por sexos, pagando menos en los ámbitos donde hay muchas mujeres que, aunque hacen un trabajo de valor comparable, no se les valora salarialmente igual. Por ello desarrolló el concepto de **brecha salarial**, que sería el menor salario por trabajos de igual valor comparable.

El objetivo de Hartmann es que haya proporción de hombres y mujeres en los distintos empleos, que haya una «estrategia de valor comparable» en la equidad salarial y un reparto de trabajo del hogar. Sin embargo, señala que, debido a las diferencias entre hombres y mujeres muy arraigadas en determinadas culturas, este objetivo puede tardar décadas en alcanzarse. Y desde el momento en el que considera que «la familia es el lugar donde se resuelven los conflictos de producción y redistribución»[81], es decir, tareas del hogar, trabajos fuera de casa y quién gasta y decide sobre el dinero, como si se tratara de un grupo económico con sectores con intereses divergentes en vez del «lugar donde nacen los niños y mueren los ancianos», el proyecto de vida común basado en el amor, podemos imaginar el tipo de enfoque de las soluciones. Marxismo puro en el corazón de las políticas económicas de EE. UU. con los resultados esperables: nuevos problemas y nuevas injusticias.

Como hemos visto, Heidi Hartmann es la que institucionaliza la brecha, también llamada *GAP*, concepto que se está ampliando a toda divergencia entre hombres y mujeres donde la mujer presente tasas inferiores, y no solo es la responsable del mito de la brecha salarial, sino del mito de la feminización de la pobreza en las sociedades occidentales. Sus teorías también hacen avanzar las políticas de reparto de tareas en el hogar y están relacionadas con esas noticias que, de vez en cuando, publican los medios diciendo que tardaremos varias décadas en equiparar los salarios de hombres y mujeres, dando lugar a pensar que realmente se cobra menos por el mismo trabajo, además de que resultan asombrosas semejantes predicciones.

Y sí, es cierto que en las sociedades libres hay muchas brechas, diferencias entre hombres y mujeres, pero ni son causadas por lo que las feministas dicen, ni siempre favorecen al mismo sexo.

Analicemos la **brecha salarial**, uno de los grandes mitos que se desmonta con facilidad, pero como reconocer que no existe supone desbaratar una de las bases de la política de cuotas, el feminismo se resiste a ello.

---

81 Hartmann, Heidi I. *Women, work, and poverty: women centered research for policy change*. Haworth Political Press. New York, 2005

La brecha salarial presupone un pago inferior a la mujer respecto del hombre por el mismo trabajo, y que se matiza con el valor comparable de Hartmann, puesto que es irracional afirmar que en los Estados de Derecho en los que vivimos se paga menos según el sexo por el mismo trabajo. Está prohibido por ley, y garantizada la igualdad en la Constitución. Y tenemos hordas de sindicatos para evitarlo, además de la seguridad de que, si hubiera casos, se publicitarían hasta el infinito. Y porque si así fuera, por pura lógica capitalista, nadie contrataría hombres.

Para demostrarlo nos han contado que, si hacemos la media de la suma de todos los salarios de hombre y mujeres, sale un porcentaje, nunca concreto ni aclarado, que oscila entre el 15% y el 30% de diferencia a favor de los hombres. La cosa es tan imprecisa que, de un día para otro, nos van cambiando la cifra de la brecha, e incluso la década en que va a igualarse esa brecha.

El análisis de los datos deja este mito convertido, como tantas otras cosas, en mentira interesada. No hay mujeres que cobren menos por el mismo trabajo, ni por el mismo valor comparable. Lo que hay es otra cosa.

Al margen de funcionarios, autónomos y trabajos por horas, donde se cobra lo mismo sin diferencias por sexo, la diferencia está en los trabajos a tiempo parcial y los empleados del sector privado. En el caso de España, menos de la mitad del total.

Si se analizara sin sesgo de género interesado en que la realidad se adapte a su denuncia de injusticia hacia la mujer, sí encontraríamos que hay mayor porcentaje femenino en los trabajos a tiempo parcial, pero son elegidos voluntariamente por mujeres que quieren compatibilizar el empleo y el cuidado de los hijos. Y también encontraríamos que hay mayor porcentaje de hombres en trabajos con mayor penosidad o peligrosidad en el desempeño o con horas extra o turnos de noche, que implican incrementos de sueldo. O en determinados puestos en los que, por su categoría, se cobra más, pero implican una dedicación que muchas mujeres no desean asumir. Y también encontraríamos empleos derivados de la libre elección de estudios y que están más relacionados con el trato humano en mujeres y con labores técnicas en los hombres… y donde el «valor comparable» no es tan comparable.

A las teorías de Hartmann podrían hacérseles varias objeciones: una, que en la actualidad no hay empresas con departamentos de hombres o de mujeres, realidad que pertenece a hace más de cincuenta años. La segunda, que el hecho de pagar porque te cuiden a la prole puede no ser satisfactorio para muchas mujeres que lo que quieren es poder cuidar a sus hijos y ser parte más activa en su desarrollo en vez de pagar porque alguien lo haga. La tercera, que la preparación y los estudios también pueden influir o que, si bien hay muchas enfermeras y muchos ingenieros, ni es en la misma empresa, ni los trabajos son de valor comparable. A nivel humano, el valor del cuidado es mucho mayor, pero, a nivel de generar riqueza, es seguro que los ingenieros presentan un mayor valor comparable. Nos guste o no, las patadas a un balón de un futbolista de primera división generan un valor económico que no es comparable con el trabajo de un médico, mucho más valioso humanamente, pero que no tiene 100 000 personas dispuestas a pagar para verle operar.

La realidad es que las mujeres somos mayoría en el sector de trato humano y cuidados (médicos, enfermeras, profesoras...) y es un sector cuyo valor comparable no es grande a nivel económico.

Finalmente, hay que insistir en que muchos empleos de tiempo parcial son elegidos por las mujeres para aportar algo al salario familiar sin renunciar al cuidado de los hijos. Ya saben, esas desorientadas y alienadas que ven la familia como un proyecto común y un lugar de amor, esas que parafraseando a G. K. Chesterton, ni se ven esclavas por ayudar gratis a su marido, ni se ven más libres por servir a su jefe a cambio de un sueldo. Es cierto que hay convivencias imposibles y personas malas, pero la concepción marxista de la familia y la pareja humana como una despiadada lucha de intereses, no es extrapolable a la mayoría de las familias. Esa generalización solo consigue la profecía autocumplida de la lucha de sexos por su empeño en envenenar las relaciones a priori.

Finalmente, a esta ideología de la lucha de sexos se le pude hacer la observación de que tras empujar a las mujeres al campo laboral «no dejando que se queden en casa», ni que elijan cuidar de sus hijos según nos contaba Beauvoir, han actuado contra la estabilidad de la convivencia familiar, porque la familia es un ámbito de opresión y reproducción de roles negativos, han hecho que cada vez haya más mujeres cuidando solas de la prole, han facilitado la precariedad económica de las mujeres y ahora descubren que es complicado que una sola persona cuide de la prole, les proporcione sustento y atención. De hecho, la biología ya lo había descubierto y solucionado con un sistema de reproducción sexuada que implica a dos seres y cuyas funciones, para las que están perfectamente adaptados física y psíquicamente, son diferentes, igualmente necesarias y complementarias para la supervivencia de la especie. La solución del marxismo feminista al desaguisado es que una mujer cuide, por un sueldo precario proporcionado por el Estado, a los hijos de otra mujer para que la madre pueda salir a trabajar por un sueldo precario que no permite contratar a nadie para cuidarlos. Estatalización, precariedad y pobreza. Y una desincentivación brutal de la maternidad y la paternidad. Los financiadores del feminismo están frotándose las manos.

Mientras tanto, los niños van a escuelas que adoctrinan en la ideología oficial y **pertenecen,** cada vez más, a ese Estado benefactor. Exactamente la sociedad que promulgaba nuestra amiga comunista Aleksándra Kollontái, pero con todas las aportaciones del resto de las doctrinas aliñando el resultado. Había que destruir el proyecto común que es la familia porque era muy malo y opresivo, y no olviden que lo de ahora es libertad, igualdad, concordia y realización personal. Y por el mismo precio también es una sociedad con odio, sin niños, sin altruismo salvo el que se paga con dinero público, y sin esperanza.

Relacionada con la brecha salarial está la **brecha de muerte o accidente laboral**, que se olvidan mencionar. En el caso de accidentes laborales sin muerte, más del 70% afectan a los hombres, y las muertes por accidente laboral son casi el 95% de varones, lo que justifica en parte ese mayor porcentaje económico, que se explica porque esos trabajos penosos y arriesgados reciben un plus en el sueldo, pero pasan factura en salud y vida. La práctica totalidad de los trabajos peligrosos están realizados por hombres.

Dentro de las elecciones libres, los hombres eligen, en muchos casos, empleos de riesgo, por resultarles más motivantes o por el incentivo económico, que les compensa, en su opinión, ese peligro. Otras veces es por aumentar el salario familiar. Lo cierto es que esta brecha, muy relacionada con la psicología diferente en ambos sexos, la función biológica y la testosterona que determina la propensión a los comportamientos arriesgados, no se intenta resolver.

¿Dónde queda aquí la reivindicación de la igualdad?

También relacionada con la diferente percepción de la realización personal y laboral está la **brecha tecnológica y de estudios STEM** (*Science, Technology, Engineering, Mathematics*).

Como la mujer hace muchos años que ha accedido a todos los estudios y carreras, hablar de una brecha en este ámbito es de nuevo una interesada utilización de la mujer para una ingeniería social al margen de las decisiones individuales. Esta evidente diferencia entre las elecciones de estudios y empleos está basada en una conformación cerebral diferente, que hace que unos y otras se sientan más competentes en unos puestos u otros y que se adapten más a sus gustos, deseos, habilidades y percepción de lo que es la realización personal… Ya saben, esos códigos biológicos de la antigua biología basada en genes y hormonas.

Para tratar de igualar las cuotas femeninas en determinadas carreras de ciencias se organizan campañas de incentivación con dinero público, facilidades de acceso y matriculación e incluso campañas en secundaria donde se discrimina a los varones no permitiéndoles acceder a visitas a centros universitarios. Lo cierto es que las mujeres eligen carreras de ciencias, pero sus gustos se dirigen más a la veterinaria, la biología, la medicina. Incluso en la ingeniería, tiende a especialidades relacionadas con la ayuda a las personas, como la ingeniería biomédica. Habría que investigar si las que cambiaron su idea inicial debido a esas campañas de incentivación, están contentas con ese cambio y sus consecuencias en la vida laboral.

También en relación con las brechas está **el mito del «techo de cristal»**. Es la imagen que explica por qué las mujeres no alcanzan tantos puestos de relevancia como los hombres. La explicación para el feminismo sería la conspiración masculina patriarcal que, ya hemos descubierto, tiene clara relación con el capitalismo y que quiere mantener a las mujeres en puestos inferiores y con sueldos inferiores pese a que sean tan profesionales como los hombres o mejores. También se añade como explicación el desprecio que los hombres sienten por las mujeres en el ámbito laboral. Esto es tan insostenible como que a las mujeres se les pagaba menos, ya que nadie contrataría hombres si no fuera imprescindible. ¿Qué empresa prefiere a alguien menos valioso profesionalmente por puro sexismo? El feminismo, como siempre, da una solución simplista y que se adapte a la tesis previa a un problema complejo. Al igual que en el caso de la violencia en la pareja conviviente, cuyas causas son muy diversas, lo reduce y lo simplifica a la violencia de género. Y esas soluciones simplistas llenas de ideología que se aplican a problemas complejos, no solo no resuelven nada, sino que lo embarullan más, por no querer investigar las causas últimas de los mismos.

Suele suceder que muchas mujeres valiosas dan un paso a un lado porque ven que los puestos de poder implican una dedicación máxima que no les compensa personalmente. Contra la visión marxista del feminismo, ni la economía ni el poder lo son todo en la vida personal de muchas mujeres: el éxito laboral es solo un ámbito de éxito y la felicidad está muy relacionada, en más mujeres que las que el feminismo quisiera, con el éxito familiar y con un universo personal de afectos gratificantes.

El único «techo de cristal» es la elección personal de las mujeres preparadas ante la disyuntiva entre un puesto relevante pero muy intenso en horarios y dedicación, el éxito laboral, y la difícil compaginación con la vida familiar, que percibe como el éxito personal.

Otras veces es la evidencia de incompatibilidad con la maternidad la que empuja a no acceder al puesto por elección propia y por conflicto de intereses en el que se da prioridad a los hijos. Desgraciadamente, a esta demanda de las mujeres de mayor facilidad en la conciliación de la vida familiar y laboral, el feminismo responde con soluciones ideológicas que no lastren su ingeniería social. Y que no resuelven el problema de fondo.

Esto termina reduciendo el número de aspirantes femeninos a puestos de mando. Y en ese momento, una mujer dedicada únicamente a su vida laboral, pero con menos méritos profesionales, exige que se le dé ese puesto basándose en el sexismo que supone un menor número de mujeres en puestos de poder o empleos de alto sueldo.

Y, como las cuentas de un collar, aparece otra de las soluciones del feminismo a una sociedad que no se organiza como ellas consideran adecuado: **las políticas de cuotas**.

A fin de evitar las diferencias numéricas de hombres y mujeres en los distintos ámbitos que siguen sucediendo en las sociedades libres para desesperación del feminismo, éste exige cuotas, un porcentaje de mujeres en los puestos de dirección a partir del 40% para los que no se prioriza capacidad o mérito, sino la entrepierna adecuada. No consta que hayan pedido cuotas de mineras, celadores de hospital para mover enfermos o ferrallistas, ya que la igualdad solo se busca en los empleos de alto nivel. Tampoco en aras de la igualdad se han pedido cuotas masculinas en los empleos copados por mujeres, como la educación no universitaria, enfermería o funcionariado, cuyas cifras van del 70% al 90% de personal femenino. De nuevo la igualdad del feminismo brilla por su ausencia.

Al margen de estas contradicciones, la práctica de las cuotas por tener los genitales adecuados, lo que se denomina cuota por entrepierna, ya que el mérito ocupa un segundo lugar, no solamente es una práctica manifiestamente injusta, sino que termina, como un *boomerang*, generando injusticias reales y no figuradas: hoy puede que a una mujer le beneficien las cuotas y acceda a un puesto por delante de hombres con más méritos, pero mañana a lo mejor a sus hijos, o hermanos, les hacen la misma injusticia y una mujer mediocre les desplaza en un trabajo que en justicia les correspondería. Por otro lado, al resto de las mujeres no les supone ninguna ventaja que una mujer de un inexistente «equipo de las mujeres» alcance un puesto relevante, de hecho, solo beneficia a la interesada. No existe ningún «equipo de las mujeres» que vaya ganando puntos con este tipo de cosas. En tercer lugar, como ciudadanos no hay ninguna ventaja en que en puestos de influencia haya una persona con menor capacidad, preparación o mérito que otra, pero con la entrepierna adecuada, porque lo que se busca es la labor mejor del más preparado. Finalmente, la sombra de la duda de «ser de cuota» se cierne siempre sobre las mujeres preparadas que obtienen el puesto por sus méritos.

La política de cuotas nos ha llevado a algo tan inexplicable como que para un mismo empleo se pidan pruebas diferentes. El hecho de que, para ser policías, a las mujeres se les adapten las pruebas, significa una de estas dos cosas: que a los hombres se les exige más de lo necesario para un buen rendimiento o que las mujeres no llegan al mínimo necesario. Y si, en el caso de la policía se puede justificar con la capacidad o mejor adaptación de las mujeres en tareas concretas (atención a mujeres en situaciones de agresión, cacheos...), en el caso del cuerpo de bomberos es inexplicable, ya que se necesita una preparación física extraordinaria, puesto que de ella depende la propia vida y la de posibles víctimas. Si la preparación que se les exige a las mujeres es suficiente, a los hombres los estafan. Si la preparación pedida a los hombres es la imprescindible, a la sociedad nos estafan con las mujeres bomberas de cuota. El objetivo de obtener profesionales preparados para enfrentarse a incendios y salvar vidas se relega a un segundo plano, y lo prioritario es que las ratios de hombres y mujeres sean semejantes para crear la ficción de igual capacidad física. Esta idea es tan descabellada como la de priorizar la lengua cooficial en el caso de una plaza de médico especialista por encima de su preparación para ejercer la especialidad.

Más que un «techo de cristal», lo que se percibe son mujeres, en la mayor parte de los casos, que quieren superar su techo de mediocridad mediante subterfugios ideológicos, ingeniería social y agenda ideológica que obliga a situaciones injustas cuya aceptación por parte de la sociedad es una victoria más del feminismo.

Nadie habla de la **brecha vital** y la **brecha suicida** pese a que las cifras de expectativa de vida según el sexo son mucho más ciertas y contrastables que la brecha salarial. En todos los países occidentales, e incluso en todo el mundo, una vez la medicina ha convertido el riesgo de los partos en algo ínfimo, las mujeres viven una media entre cinco y siete años más que los hombres. Esa brecha vital, que supone disfrutar de la luz del sol aproximadamente dos mil días más de media, no se valora en los estudios feministas y está relacionada con muchas cosas que, al contrario que si las cifras fueran inversas, nadie trata de resolver.

La testosterona produce una mayor propensión a comportamientos de riesgo, confrontación, competición y lucha. Los trabajos más peligrosos y duros, que afectan a la salud o presentan mayor mortalidad, el mayor índice de suicidios, la mayor tasa de estrés, unos hábitos de alimentación y vida menos saludables que las mujeres, y determinadas dolencias que les afectan de forma concreta son algunas de las razones por las que la esperanza de vida de los hombres es inferior.

El suicidio afecta a los varones cuatro veces más que a las mujeres. Imaginen una cifra inversa: el suicidio de cuatro mujeres por cada hombre. Saltarían todas las alarmas, se harían análisis más o menos ideológicos de las razones por las que sucede, y se implementarían todo tipo de ayudas, recursos telefónicos y asistenciales a fin de reducir una tasa tan preocupante e igualarla a la de varones al menos. Pero son hombres los que terminan con su vida, los que mueren varios años antes. ¿Qué más da?

No se pude aceptar, como dicen las feministas, que los hombres son más débiles biológicamente, sin reconocer que muchas de esas razones son evitables o al menos mejorables en sus cifras, ya sea por medio de una educación que incida en los varones sobre hábitos saludables, un estudio serio sobre las causas de los suicidios para solventar algunos desencadenantes, campañas de revisión de tumores con alta incidencia en varones como lo hay con el cáncer de mama…

¿De verdad busca el feminismo la igualdad?

Otros términos acuñados son **«el suelo de piedra»** y **la feminización de la pobreza**. El «suelo de piedra» es la situación de pobreza extrema que según el feminismo afecta a las mujeres. Sin embargo, ni las cifras ni la percepción social es esa.

Pese a que los hombres son los que mayoritariamente copan la pobreza extrema, ya que son más del 90% de las personas que viven en la calle, en el verdadero «suelo de piedra», el feminismo ha feminizado la pobreza y acuñado ese «suelo de piedra» en el que se supone que mayoritariamente hay mujeres. Para ello ha obviado las situaciones de pobreza extrema y ha creado el concepto de riesgo de pobreza o de vulnerabilidad, de forma que vuelva a producirse una victimización de las mujeres y una exigencia de inversión pública en ayudas. Ayudas que, en muchas ocasiones, gestionan u ofrecen asociaciones de mujeres llevándose la parte correspondiente y que se dirigen a ese «colectivo vulnerable» que dicen son las mujeres, y no a personas vulnerables generando dos fallas: que haya personas en esos colectivos que no lo necesitan y que los necesitados fuera de tales colectivos no reciban la ayuda. Al final, lo que se debería hacer es ayudar a las personas en situación de pobreza o en riesgo de pobreza sin incidir en colectivos.

La precariedad en el empleo afecta a ambos sexos, y la maternidad monoparental, que es casi en exclusiva una situación de mujeres, no implica una situación de riesgo de pobreza ni de vulnerabilidad, ya que no tienen por qué coincidir la precariedad económica y la maternidad monoparental. De cualquier forma, la ayuda a las personas con necesidades debe hacerse por su situación objetiva, no por su adscripción a grupos concretos. Pero el feminismo y la teoría de la interseccionalidad son así.

Relacionado con ese «suelo de piedra», de pobreza extrema, están las **adicciones a las drogas y al alcohol**, que afectan de forma mayoritaria a los varones y que están muy relacionadas con ese suelo de piedra de la pobreza extrema y la completa exclusión social. La cifra aproximada de consumo de drogas duras supone una brecha de más del 80% de varones, y en el caso de consumo excesivo de alcohol, la cifra de hombres triplica a la de las mujeres, de la misma manera que enfermedades relacionadas con el consumo intravenoso de drogas, como el VIH, también afecta en más del 90% a los hombres. Sin embargo, se proponen campañas de ayuda con esa perspectiva de género excluyente que elimina, por su sexo, a gran parte de los afectados.

Otra brecha que olvida el feminismo, que señalan los docentes sin «gafas violeta» y que ha denunciado Hoff Sommers, es la **brecha educativa**. El fracaso escolar tiene sexo, el masculino. Hombres y mujeres aprendemos de forma diferente, y nuestro desarrollo y grado de madurez respecto a la edad también es distinto y estas diferencias se acrecientan durante el desarrollo sexual. Determinadas características del sistema educativo facilitan la adaptación y el rendimiento a las chicas en tanto lastran, por esas diferencias de aprendizaje, a los varones, generándose un índice de fracaso escolar masculino que ha llegado a superar el femenino hasta en más de un 20%. Esta brecha, que debería ser analizada y reducida mediante planes específicos, no solo se ignora, sino que, en ocasiones, se han implementado planes específicos para el fracaso escolar femenino gracias al feminismo en su incansable búsqueda de la igualdad.

Esta dificultad de la adaptación a los sistemas educativos que lleva a ese mayor fracaso escolar de los varones está muy relacionada con la posterior inadaptación social, los problemas de empleo y el consumo de drogas y alcohol, así como con otra brecha que el feminismo, en su afán por buscar su igualdad real y su particular interpretación del concepto justicia, no analiza ni trata de reducir: **la brecha de la población reclusa** que, como gran parte de las brechas, presenta unas ratios de 90/10 % en perjuicio de los varones.

Como seres humanos y parte de la sociedad que son los hombres, debería analizarse con honestidad todo esto y proponer planes de acción que incidan en la concatenación de brechas surgidas de la inadaptación social que afecta a más varones que a mujeres, posiblemente relacionadas con la brecha educativa, para reducir ese porcentaje.

Los datos generales aproximados que se han dado son válidos, centésima arriba o abajo, para los países occidentales y occidentalizados, puesto que en países donde no hay legislaciones de igualdad en derechos y dignidad y ante la ley, la situación es otra. Y ahí nos encontramos con las **brechas de la ONU**, un auténtico hándicap en la compresión, abordaje y solución de los problemas, ya que emite dictámenes y recomendaciones generales sobre ciento noventa y tres países entre los que hay diferencias de todo tipo, como sucede con Suiza y Afganistán. La

ONU lanza una información alarmante aplicable a Afganistán, y las soluciones a tal injusticia contra las mujeres se toman en Suiza. Para explicarlo narraré una anécdota de muchas en la Comunidad de Madrid (CM): un partido feminista exigía tomar severas medidas en Madrid porque la ONU había dicho que durante la pandemia «el hogar era el lugar más peligroso para las mujeres». La CM no había tenido durante los tres meses de confinamiento un solo asesinato dentro del hogar salvo el de un varón, y se exigían más medios y fondos para resolver esa denuncia mundial de la ONU, sobre la situación de las mujeres madrileñas.

La única y verdadera brecha que altera el mundo falsamente igualitario que propone el feminismo marxista es una brecha biológica: la reproductiva, que afecta a todos los ámbitos de la vida humana y la sociedad, que es absolutamente innegociable y cuya negación solo trae problemas.

Brecha reproductiva que tiene ventajas y desventajas para unos y otras: las mujeres pueden elegir la maternidad o no, y entre la maternidad y la vida laboral. Los hombres no. Y de esa brecha y las diferencias biológicas que supone surge todo lo demás.

Visto que el feminismo no es igualdad sino supremacismo, terminaremos con la figura que comenzó el capítulo, Hartmann, y que nos ayuda a desmontar el disfraz del feminismo con una sentencia famosa: «La cuestión de la mujer nunca ha sido la «cuestión feminista». Esta se dirige a las causas de la desigualdad sexual entre hombres y mujeres, del dominio masculino sobre la mujer»[82].

Y si no es la cuestión de la mujer, ya que ni siquiera contemplan muchas desigualdades y brechas, y para resolver las que les preocupan, se dedican a crear nuevas desigualdades, díganme qué es hoy el feminismo sino una lucha marxista de la mujer contra su biología.

---

82 Hartmann, Heidi I. *The Unhappy Marriage of Marxism and Feminism. Women and Revolution*. South End Press. Boston, 1981 (pág. 5)

9. FEMINISMO Y MENORES
LO DURO QUE ES SALIR DE MATRIX

Se ha dejado para el final lo más controvertido del feminismo marxista y posterior: el feminismo en las aulas de menores, y el feminismo y sus relaciones con la defensa y argumentario a favor del incesto y la pedofilia. O pederastia, si usted es de los que considera que el consentimiento de un menor para una relación sexual con un adulto está viciado, ya que la diferencia entre pedofilia y pederastia es la posibilidad de que haya consentimiento o no.

El feminismo se ha visto directamente relacionado con la defensa de las relaciones sexuales para los menores desde **Simone de Beauvoir**, de la que se conoce su faceta de feminista, pero no tanto su ya mencionada defensa de la pedofilia. Para ella, el organigrama social que oprime desde la sexualidad a las mujeres también lo hace sobre los niños. Y eso lleva a Beauvoir a denunciar sobre la sexualidad infantil «la perfecta inocencia que se le atribuye a la una mítica niñez y la injusticia que supone impedir a los menores acceder al universo de los adultos»[83].

Su defensa de la pedofilia, que no era solo formal sino ejerciente, le llevó a firmar una carta en favor de la liberación de los convictos del Frente Pedófilo Francés apelando en su favor que

83 De Beauvoir, Simone. *El segundo sexo*. Cátedra. Colección Feminismos, Madrid, 2015 (Pág.18)

las relaciones habían sido consentidas. Publicada en *Le Monde* solicitando la despenalización de las relaciones consentidas con menores, también fue firmante de otra posterior misiva pidiendo al Gobierno francés la derogación de la edad de consentimiento[84]. La misiva, de alguna forma consiguió su objetivo ya que Francia no tenía edad mínima de consentimiento sexual y, actualmente, tras un debate con promesa de que se legislaría en ese sentido, sigue sin tenerla. En ella aparecía como firmante el escritor Gabriel Matzneff. Este pederasta tuvo relaciones con Vanessa Springora cuando tenía trece años y sabemos ahora, porque ella nos lo narra en *El Consentimiento*[85], un libro demoledor contra la pederastia y quienes la amparan, que el interés en la eliminación de esa edad que protege a los menores era, para muchos de los firmantes, además de ideológico, personal. Ya contamos cómo Beauvoir tenía relaciones sexuales con alumnas menores de edad y las compartía con J. P. Sartre.

El activista homosexual **Michel Foucault**, personaje multidisciplinario, filósofo e historiador, fue otro firmante e inspirador de la carta solicitando la derogación de la edad de consentimiento. Se le incluye aquí como inspirador pasivo de ese texto llamado *Foucault para encapuchadas*, porque sus teorías son base de muchos de los postulados del panfleto. Foucault consideraba que toda la opresión provenía del capitalismo y la sociedad occidental basada en principios judeocristianos. Naturalmente, la prohibición de las relaciones sexuales con menores era otra parte de ese sistema opresivo. Foucault Incluso proponía la adopción de niños varones para poder

---

84 Le Monde, 26 de enero de 1977. Disponible en los archivos oficiales del periódico: https://www.lemonde.fr/archives/article/1977/01/26/a-propos-d-un-proces_2854399_1819218.html?xtmc=vont_comparaitre_pour_attentat_a_la_pudeur_sans_violence_sur_des_mineurs_de_quinze_ains. Traducción al español: https://www.ipce.info/library_3/files/le_monde_esp.htm

85 Springora, Vanessa. *Le consentement*. Editions Grassent. France, 2020

tener con ellos una «relación enriquecedora»[86]. Con estos presupuestos era lógico que defendiera las relaciones sexuales con menores y la derogación de toda legislación penal que las sancionara, ya que el sistema de justicia, para él, es en realidad un instrumento de poder[87]. Y sus seguidoras feministas *queer* tienen una visión semejante de la sexualidad infantil. Pero la Manada de Lobas ya contaba desde **Sulamith Firestone** con un corpus doctrinal teórico previo de la justificación de la pederastia que daba el giro ideológico final para unir la liberación de las «castas oprimidas» (mujeres, homosexuales...) por el patriarcado, a la liberación sexual de los niños. La ideología feminista incluye la pederastia entre sus reivindicaciones. Y el incesto. Y toda forma de sexualidad que rompa tabúes. Y las mujeres que se dicen feministas deberían saber que, con otras reivindicaciones prácticamente conseguidas, por lo que no merecen esfuerzo, están moviendo las ruedas hacia unas propuestas aberrantes. Firestone afirma que los niños sufren, como la mujer, esa opresión sexual que niega su sexualidad; cuantifica la niñez como una construcción social arbitraria y aboga por la eliminación de esos tabúes, la «asexualidad de los niños impuesta desde fuera», pues deben ser «incorporados al mundo de los adultos y deben borrarse las diferencias culturales de adultos y niños»[88].

86 «Una conversación con M. Foucault: Michel Foucault; El triunfo social del placer sexual». [Entrevista con Gilles Barbedette, 1981]. En Foucault, M. La inquietud por la verdad. Escritos sobre la sexualidad y el sujeto. Siglo XXI editores, 2013. Ver nota completa en el siguiente enlace: http://perrerac.org/francia/michel-foucault-el-triunfosocial-del-placer-sexual-una-conversacin-con-m-foucault/876/

87 Foucault, M. *Obras esenciales*. Volumen 2: Estrategias de Poder. Ed. Paidós, Buenos Aires, 1999 (pág. 139 y 140)

88 Firestone, Shulamith. La dialéctica del sexo: el caso de la revolución feminista. Kairós, Barcelona, 1976, Disponible en https://patagonialibertaria.files.wordpress.com/2014/11/163005241-shulamith-firestone-la-dialectica-del-sexo-pdf.pdf

La sexualización de los menores es vendida como una liberación, e incluso un derecho arrebatado al niño, como todas las propuestas de la ideología de género, apelando a conceptos bondadosos, libertad y derechos, pero con el reconocimiento de que es una forma de destruir la sociedad actual e implantar una nueva. Es decir, en todo este discurso subyace la idea de utilizar a los niños como parte del proceso revolucionario de abolición del patriarcado.

En este mismo sentido de liberar sexualmente a los menores y devolverles su derecho a la sexualidad, se manifestó **Kate Millet** en una entrevista realizada por Mark Blasius en 1980[89], en la que ahonda en la idea de que hay que abolir la familia y la propiedad privada y habla del sexo intergeneracional, una forma políticamente correcta para referirse a la pederastia: «Uno de los derechos esenciales de los niños es el de expresarse a sí mismos sexualmente, probablemente entre ellos en un principio, pero también con adultos. La libertad sexual de los niños es una parte importante de la revolución sexual». Considera aceptable la relación entre un niño y un hombre mayor o entre una niña y una mujer mayor.

Para ella, el problema de la pederastia no es moral sino de orden jurídico. En su destrucción del orden natural y siguiendo las doctrinas de Firestone en esta entrevista, Millet veía la pedofilia muy unida a la homosexualidad y también al incesto, ya que este tabú es «una de las piedras angulares del pensamiento patriarcal» y por ello derribarlo es una forma de destruir el patriarcado. Afirma que niños y adultos deben poder escoger libremente sus parejas sexuales.

El concepto del «menor sexual» como sujeto de necesidades sexuales y de derechos sexuales a reivindicar, y de la represión de esos derechos como forma de control del patriarcado y su institución principal, la familia, aparece en el feminismo para

89 Entrevista disponible en https://www.ipce.info/ipceweb/Library/interv_kate_m.htm

quedarse definitivamente y para materializarse en acciones políticas promovidas por las seguidoras de estas y otras autoras, acciones políticas cuyas últimas etapas estamos viviendo ahora en España y en todo el mundo.

A **Monique Wittig** le debemos el cuestionamiento del sexo y el género como forma de escapar de la heterosexualidad obligatoria, y la multiplicidad de identidades que diluyen el binarismo sexual dando paso a la teoría *queer* en el feminismo LGTBI, teoría desquiciada donde las haya y que los profesores de infantil y primaria, militantes del género, consideran adecuado enseñar a los niños a su cargo: la cultura *queer*[90]. El empeño en que unos niños tan pequeños sepan que el mundo no es binario porque la teoría *queer* así lo dice, carece de toda explicación sensata.

Judith Butler, con su multiplicidad de sexualidades e identidades y deseos que termina con el binarismo, incluye el incesto y cualquier otro gusto sexual. Hay que destruir la base de la «sociedad heterosexual» y la institución familiar, y además unir en esa lucha a todos los grupos que no sean el opresor, el hombre heterosexual: mujeres, homosexuales, niños deconstruidos desde su más tierna infancia, y por qué no, pederastas e incestuosos.

Esta deconstrucción incluso de la identidad sexual, del concepto de hombre y mujer, que es la base de la teoría *queer*, la enseñan a los menores muchos maestros descerebrados y adoctrinados. La transexualidad como forma de descabalar un dimorfismo sexual es la razón del mantra machacón de «hay niñas con pene y niños con vulva». La normalización de este tipo de identidades es la base de todos esos cuentacuentos transexuales que están entrando en las aulas de niños muy pequeños. No es casualidad. Ni es casualidad el *adultismo* del femi-

90 Testimonio de un maestro que considera la cultura queer muy beneficiosa para sus alumnos de primaria en el CEIP El Pinillo. Disponible en https://andaluciainformacion.es/torremolinos/757622/las-drag-cuentacuentos-por-un-dia-en-el-ceip-el-pinillo/

nismo interseccional, que acusa a la sociedad de discriminar por edad a los niños negándoles derechos como la sexualidad.

Pero este tema es tan amplio y denso, con tantos activistas actualmente defendiendo la pedofilia, trabajando para normalizarla y venderla como derechos sexuales de los menores y hay ya un desarrollo tan elaborado del argumentario de su justificación, que solo cabe hacer aquí un apunte de los cimientos que pusieron las autoras que ya se han mencionado y cuyos textos son básicos en los estudios feministas. El tema merece desarrollarse en otro libro.

El feminismo antihombres, que también está dentro de los colegios, nos ha dejado situaciones como la profesora que dijo que a los niños había que castrarlos[91] o el centro que decidió celebrar el 8M dejando sin recreo a los niños varones para que reflexionaran sobre sus privilegios castigándolos por su pertenencia al sexo opresor[92].

Esto es el feminismo en las aulas de los menores, por si les sirve como orientación de hacia dónde vamos, y lo que es la igualdad, la libertad y los valores que enseña el transhomomatriarcado. Porque el campo de batalla último son las aulas: aulas de menores donde se obliga en muchas comunidades a ondear las banderas de la ideología de género en las fechas señaladas.

En ese sentido, y para entender lo que está sucediendo, es muy interesante el documento que publicó el sindicato Comisiones Obreras (CCOO), un sindicato de izquierda comunista afín al partido Izquierda Unida (IU) en su revista TE (Trabajadores de la Enseñanza). Como muchos sectores políticos de la izquierda, CCOO ha pasado de estar imbuido en la lucha de clases a sumergirse en la lucha de sexos, géneros e identidades, es decir, en la ideología de género. Si no supié-

91 Disponible en https://www.alertadigital.com/2019/06/11/una-profesora-feminista-y-concejala-del-psoe-a-sus-alumnos-menores-hay-que-castrar-a-los-ninos-al-nacer/

92 Disponible en https://okdiario.com/espana/instituto-huelva-castiga-sin-recreo-ninos-8m-que-comprendan-mujer-3788038

ramos que es una variante del marxismo, el cultural, con un objetivo, la estatalización de la intimidad en vez de los medios de producción para controlar a las personas resultaría un giro extraño. Pero no lo es.

El documento, con el nombre de *Breve Decálogo de una escuela feminista*[93], está escrito por dos educadoras. Causa pánico que estas personas cargadas de ideología y capaces de utilizar a los niños para su lucha cultural estén en contacto con los menores, sean amparadas por sindicatos sostenidos por fondos públicos y avaladas por diversos grupos de presión y partidos políticos. CCOO, ante el escándalo, optó por poner a pie de página que no todo lo que publicaba era compartido por el sindicato. En realidad, estamos en la fase final. Y no nos engañan salvo que haya un escándalo y necesiten engañarnos. Las autoras del documento parten de la base interseccional de que «la escuela es una institución atravesada por el sexismo, el racismo, el clasismo...» y tiene un «papel de reproducción y legitimación de ciertas normas sociales». Conciben la escuela como «un espacio para la revolución social con poder de transformación y subversión» y como un lugar donde introducir «pedagogías radicales feministas, *queer*, que vuelvan la escuela un lugar extraño». También nos dicen que, si no estás de acuerdo con su postura tras leer a unas autoras feministas que recomiendan, tienes que «centrarte en tus prejuicios sexistas y echarlos fuera». No cabe más posibilidad, el que no acepta sus propuestas, está lleno de prejuicios sexistas.

El «decálogo», de diecinueve puntos, casi *bidecálogo* carecería de importancia si no fuera porque estamos ante una declaración de intenciones y de objetivos a realizar por parte de toda esa masa de militantes en la docencia en cuyas manos ponemos a nuestros hijos. Y si no fuera porque muchas de esas cosas ya se están llevando a cabo.

93 Disponible en http://www.te-feccoo.es/2018/02/15/breve-decalogo-de-ideas-para-una-escuela-feminista/

Tengan presente que hay docentes y personas del ámbito ideológico del feminismo *queer* y LGTBI que ya están trabajando en ello desde dentro de las aulas[94]; y muchos más, unos por buenismo, otros por no tener problemas con los totalitarios de su escuela y otros por estupidez. Y es posible que decálogos de este tipo se reproduzcan en otros países.

1. *Formar al profesorado de los centros en feminismo. Un programa básico de formación del profesorado en feminismo debería incluir, al menos, los siguientes contenidos: historia del feminismo; importancia del lenguaje inclusivo; uso de un lenguaje no excluyente; desaprendizaje de la competitividad, el machismo y el heterosexismo; consentimiento y maneras de relacionarse positivamente; toma de la palabra desde la escucha y el diálogo; cuidados y afectos.* (Adoctrinamiento al profesorado).
2. *Emplear en el centro por el conjunto del profesorado un lenguaje no machista, usando el femenino para hablar o el género neutro con la «e», por ejemplo, «todes».* (Destrucción del lenguaje en el lugar donde deberían aprender a respetarlo y utilizarlo).
3. *Incluir, al menos, la misma cantidad de libros escritos por mujeres que por hombres en el currículum de Lengua y Literatura, porque la cantidad importa.* (La calidad, es evidente que no. Lo que importa es el sexo del escritor).
4. *Incluir, al menos, la misma cantidad de mujeres filósofas que de hombres filósofos en el temario de Historia de la Filosofía (de nuevo, la cantidad importa).* (La calidad, de nuevo, no).
5. *Feminizar la Historia del Arte y la cultura: existen artistas, cineastas, historiadoras del arte, fotógrafas. Nómbralas, da a conocer su trabajo.* (Cambio de currículos y del pasado).

94 https://elpais.com/ccaa/2019/07/12/madrid/1562936130_629762.html

En estos tres puntos citan nombres y cuelan autoras feministas radicales entre otras mujeres con trabajos de mejor y peor calidad.

6. *Cambiar el currículum en Ciencias. Habla de ellas, de sus investigaciones y aportaciones a la física, la matemática, la medicina, la astronomía. Porque Marie Curie, Ada Lovelace, Rachel Carson, y otras muchas, existieron.* (Si existieron tantas es que no nos oprimía el patriarcado y nos impedía estudiar carreras científicas. Si nos prohibían estudiar es muy raro que haya tantas).

7. *Eliminar libros escritos por autores machistas y misóginos entre las posibles lecturas obligatorias para el alumnado. Ejemplos de libros y/o autores machistas a eliminar de los temarios: Pablo Neruda (Veinte poemas de amor y una canción desesperada), Arturo Pérez Reverte y Javier Marías (cualquiera de sus libros). Habla de la faceta misógina de ciertos autores legitimados como hegemónicos: explica qué dijeron acerca de las mujeres autores como Rousseau, Kant, Nietzsche, entre otros. Nos ayudará a tener otra perspectiva de la Historia y sus valores. Añade a tus currículos autores que apoyaron la igualdad y el movimiento feminista, Poullain de la Barre, J. Stuart Mill...* (Lista de proscritos, y lista de buenos aliados al margen de su calidad. La censura marxista de desaparición de la memoria del enemigo de la revolución).

8. *No separar los baños entre hombres y mujeres. Los baños pueden ser espacios comunes si se nos enseña a que lo sean. Pensemos los espacios de otras formas, no estigmatizándolos y convirtiéndolos en lugares posibles de conflicto* (Naturalmente si esta idea causa conflictos, como es muy posible que suceda, la culpa será «de las estructuras patriarcales que nos atraviesan»).

9. *El currículum de Educación Física debe ser común al conjunto del alumnado. Los criterios de evaluación podrán*

ser diferentes en función de muchos factores, pero, en ningún caso, porque la persona que vaya a evaluarse sea mujer u hombre (supuestamente). Incluyamos otras formas de entender el cuerpo y de vivirlo. (Este planteamiento es parte del adoctrinamiento *queer*, donde uno elige ser hombre o mujer, aunque en Educación Física, desde la adolescencia el rendimiento físico es diferente, y antes hay diferencias en gustos, actitudes, elección de actividades... Que un docente dé esas informaciones debería ser delito).

10. *Desheterosexualizar la escuela. No des la heterosexualidad por supuesta, plantéate que el mundo es enormemente diverso, y una escuela también.* (La desheterosexualización de una sociedad mayoritariamente heterosexual por pura biología y supervivencia de la especie, pasa por promocionar la homosexualidad. No se engañe, este tipo de docentes promocionan la homosexualidad. No hago a este respeto juicios de valor, me limito a informar. Hay mucha controversia sobre si se promociona esta opción sexual, o si es posible cambiar la orientación sexual. Puesto que hay talleres de lesbianización y un afán manifiesto por desheterosexualizar la escuela, yo creo que no da lugar el debate al respecto. Al margen de si es mejor o peor, o nos tiene que dar igual la homosexualidad y la heterosexualidad, la pregunta es ¿por qué se creen con derecho a imponer este tipo de adoctrinamiento sexual ideológico?)

11. *Tener asignaturas específicas de educación sexual, así como de equidad de género en todos los cursos de todas las etapas. Estas asignaturas específicas contemplarán, además, la formación obligatoria del profesorado en estas materias. Porque los prejuicios y los estereotipos también nos atraviesan en tanto que docentes. Porque somos parte fundamental en la perpetuación y legitimación de un*

sistema patriarcal y heterosexista. (El sistema patriarcal heterosexista se erradica con el sistema matriarcal homosexista. Se sigue evidenciando una promoción clara del homosexualismo, y no duden de que la liberación sexual de los niños es parte de equidad de género).

12. *Prohibir el fútbol en los patios de recreo. Hagamos del patio un espacio amigable, donde todo el mundo pueda ocupar, transitar y habitar ese espacio común. Dejemos fuera esos juegos competitivos que monopolizan los espacios y excluyen a quienes no participan en ellos. ¿Por qué pistas de fútbol y no pistas de baile?* (Prohibición de actividades claramente masculinas. Tras continuas y numerosas políticas para la implantación del fútbol entre las mujeres, han decidido que lo mejor es prohibirlo).
13. *Eliminar los códigos de vestimenta. Enseñar, mediante talleres y en las clases, tanto al profesorado como al alumnado, a respetar a las personas, independientemente de cómo vayan vestidas. Desechemos ese prejuicio misógino de pensar que ciertas personas visten para provocar a otras. Entiende que la vestimenta, y lo que hagamos con nuestros cuerpos, forma parte de la libertad individual de cada cual, y no tiene nada que ver contigo. Asúmelo.* (Es curioso cómo hay que respetar la libertad de vestimenta y no la libertad de pensamiento y opinión).
14. *Eliminar la asignatura de Religión católica, porque una escuela feminista es una escuela, necesariamente, laica.* (De nuevo, la prohibición de lo que no les gusta. Atacarán todo lo relacionado con el catolicismo, empezando con la Navidad. La pregunta es si «la escuela feminista» es neutral o una especie de secta, porque hasta ahora han impuesto su visión feminista).
15. *Cambiar el currículum de Historia, que ha de contar*

la historia de las mujeres y los colectivos minorizados. (Reinvención de la Historia).

16. *Prohibir las canciones machistas en la banda musical del centro. Porque la misoginia, el sexismo y la homofobia son insultos, no deben tener presencia en nuestros centros.* (De nuevo la prohibición de lo que no les gusta. Y el problema es que la etiqueta de machista y homófoba se impone al margen de la realidad, simplemente porque diga algo que contradice sus dogmas o se apele a la sensibilidad herida de alguien. Nunca una censura fue más severa, puesto que es arbitraria).
17. *Emplear música feminista en los centros de enseñanza. Por ejemplo, se pueden escuchar cantantes como Rebeca Lane, Crudas Cubensi, Kumbia Queers, Viruta, Alicia Ramos, La Tía Julia (busca más en Youtube, Spotify, pregunta, escucha, aprende).* (De nuevo, imposición de lo que les gusta y eliminación de lo que no les gusta, no entienden o no valoran).
18. *Cambiar los nombres de los centros educativos. Eliminar todos aquellos nombres de centros que sean católicos o hagan referencia a militares, políticos o juristas y sustituirlos por nombres de mujeres representativas del movimiento feminista o por nombres de elementos de la naturaleza. ¿Qué tal si empezamos a encontrarnos un mundo donde los nombres de ellas cuenten, donde estén presentes?* (Quítate tú para ponerme yo. ¿Qué tal nuevos centros con nuevos nombres sin despojar a nadie? Naturalmente, esto no busca promocionar a mujeres, sino eliminar hombres, en particular los que no les gustan).
19. *Haz tu propia biblioteca feminista (LGTBI) en tu centro. Lee el libro Una habitación Propia, de Virginia Woolf, y lo entenderás. Compra libros escritos y protagonizados por mujeres. Establecer a través del claustro que en el plazo*

de tres cursos académicos tiene que haber una cantidad similar de libros escritos y protagonizados por mujeres que de protagonizados por hombres en la biblioteca del centro. (¿Por qué?)

20. Este lo añado yo para que sea decálogo doble: *Celebra, y exige que se celebren, fiestas relacionadas con el feminismo y el lobby LGTBI, y que se eliminen (por ofensivas con colectivos discriminados) todas las relacionadas con el catolicismo, España y la familia: Navidad, día de la Hispanidad, día del padre, día de la madre…*

Si se hace un resumen de este doble decálogo, se advierte que la ideología de género actúa como el huevo del cuco: no es que entre, sino que expulsa cualquier disidencia, cualquier cosa que pueda molestar su crecimiento. Autores que no les gustan, la historia que no les gusta… Supremacismo cultural, prohibiciones de todo tipo y expulsión, erradicación y desaparición de todo lo discrepante. Puesto que en el feminismo disidente hemos visto denuncias de este tipo de prácticas, significa que en muchos lugares ya se está haciendo y se están sufriendo las consecuencias. Y que estas propuestas no son una locura sectaria de un grupo minoritario radicalizado, sino la agenda del feminismo. La agenda de la ideología de género.

Si usted es docente o padre y ve que se propone de forma presuntamente inocente o se coacciona para que se lleven a la práctica algunos de estos puntos, tenga por seguro que en el centro escolar de su hijo hay o habrá en breve adoctrinamiento en género. Y que ha entrado el huevo del cuco. Siempre con objetivos loables, siempre con las mejores intenciones (tolerancia, igualdad, no violencia, inclusividad), siempre con objetivos diferentes y con resultados que quizá no sean lo mejor para sus hijos. Ni para las chicas ni para los chicos.

EPÍLOGO

Recapitulemos.

Todo lo visto hace que el feminismo en la actualidad repela a muchas mujeres hasta el punto de que, si no es por el blanqueo continuo, la decantación de los partidos de izquierdas por este movimiento ideológico, la creación de relatos falsos sobre la opresión de la mujer, su venta junto con un sabroso e incontable dinero público, su posibilidad de convertirse en el escape de las frustraciones…, hace tiempo que se hubiera ido por el desagüe de los sinsentidos.

Tras este paseo por el feminismo, sabrá más que la inmensa mayoría de las personas, mujeres sobre todo, que apoyan la ideología que ampara todo esto.

Si es de las personas a las que el feminismo había engañado, es posible que se sienta molesto. Y lleva razón en sentirse así, pero no equivoque el origen de su desagrado. No mate al mensajero, no me culpe por abrirle los ojos, porque ayudaría usted al feminismo. Dicen que es más fácil engañar a alguien que conseguir que admita que ha sido engañado, y eso sucede por tres razones: la honradez de conciencia y honestidad interna con uno mismo que supone asumir el engaño, pues no todos reconocen las equivocaciones; la implicación emotiva con unas ideas que se suponían nobles y son perversas; y la dureza de reconocer que se ha podido apoyar tal locura.

Quizá crea que no puede ser cierto, que no tiene trascendencia, que no han de ser muchos los que están imponiendo esta educación y esta agenda, que había cosas del feminismo que no le agradaban del todo pero que, en esencia, era algo bueno y justo.

Este libro le acaba de tender las dos pastillas: la roja y la azul.

Una vez realizado el recorrido, ya sabe el origen de la mayoría de los despropósitos que se van llevando a cabo desde los grupos feministas, que son recogidos en leyes, o permitidos, jaleados y amparados por el feminismo institucional. No son ideas, inspiraciones o locuras de un grupo de chicas desocupadas, de locas o de iluminadas. Son escalones para avanzar hacia esa sociedad feminista excluyente, opresiva, totalitaria, antinatural y llena de mentiras y ocultaciones, desde la historia a la biología, desde la psicología a la realidad. Una «sociedad bonoba»[95] que, por sus contradicciones con nuestra línea evolutiva, ha de imponerse por la fuerza. Una sociedad abocada a la soledad, la vejez y la reducción poblacional.

En sus manos queda si sigue engrosando la lista de los que colaboran yendo a actos como el 8M, cuyos manifiestos y reivindicaciones les recomiendo leer para que quede claro que nada de lo que aquí se dice ha dejado de ser actual. En sus manos queda si va a seguir repitiendo datos falsos y defendiendo mentiras o va a empezar a luchar contra todo esto, a denunciarlo o, al menos, a no ampararlo. Porque, tenga presente que cualquier concesión a esas ideas, ese vocabulario, sus cifras, sus propuestas, su ideario, los supuestos de sus leyes, es apuntalar su triunfo.

En sus manos queda si va a dejar que en la escuela de sus hijos se imparta feminismo o si va a comenzar una lucha por sus hijos, su familia, sus valores, su mundo lleno de imperfecciones, pero mucho más humano que lo que nos proponen.

Si decide tomar la píldora roja, bienvenido al exterior de *Matrix*. Bienvenido al mundo real.

---

95 Sobre la organización social de los bonobos: Rubio, Alicia V. *Cuando nos prohibieron ser mujeres ...y os persiguieron por ser hombres.* Amazon Publisher, 2016 (Cap. 10)